Philosophie de la gratitude

Jacques Attali

Philosophie de la gratitude

Soyez toujours reconnaissant
Soyez parfois ingrat

Autrement

Collection « **Les grands mots** »
Créée par Alexandre Lacroix

ISBN : 978-2-0804-7952-5

« Notre indulgence ne doit pas être ralentie par la multitude des ingrats. »

Sénèque, *Des bienfaits*

« Tous nos tourments sur ce qui nous manque me semblent procéder du défaut de gratitude pour ce que nous avons. »

Daniel Defoe, *Robinson Crusoé*

« On n'aime point à voir ceux à qui l'on doit tout. »

Corneille, *Nicomède*, II, 1

Rien n'est plus éclairant sur la nature humaine et sur l'évolution de nos sociétés que de dévoiler le rôle qu'y jouent la gratitude et l'ingratitude. On y découvre que, depuis les plus anciennes sociétés nomades jusqu'aux univers numériques, l'une et l'autre déterminent l'essentiel des religions, des cultures, des nations, des formes de gouvernement, des économies, des atteintes à l'environnement, des alliances, des guerres et de la géopolitique. Et c'est en choisissant avec soin ce pour quoi chacun d'entre nous doit être reconnaissant ou ingrat qu'on oriente le cours de sa propre vie, celui de sa communauté et de la planète tout entière.

Les deux concepts sont pourtant fuyants : l'ingratitude est-elle le contraire de la gratitude ? La gratitude est-elle la même chose que la reconnaissance ? La loyauté, la considération, l'amour, l'altruisme ont-ils un rapport avec la gratitude ? Faut-il définir la gratitude par son expression concrète, c'est-à-dire le fait de rendre un service en retour d'un autre, comme il faudrait définir l'amour par les preuves qu'on en donne ? Peut-on avoir de la gratitude pour quelqu'un qu'on n'aime pas ? qu'on n'aime plus ? Peut-on parler de gratitude à l'égard de la nature ? D'un artiste ? D'un dieu ? De soi-même ? Quand on rend un service par devoir, avec ou sans rémunération, est-on en droit d'attendre en retour de la gratitude ? Dans quelles circonstances peut-on cesser d'avoir de la gratitude pour quelqu'un qui nous a rendu un grand service ? Doit-on avoir de la gratitude pour ceux dont on hérite ? Pour ceux de nos ennemis qui nous ont conduit à devenir plus fort ?

Et encore : être dans une minorité pousse-t-il à la gratitude ou à l'ingratitude ? Faut-il ressentir de la gratitude pour tous ceux (paysans, ouvriers, employés) qui rendent possible notre existence et qu'on ne croisera jamais ? Une société a-t-elle besoin de gratitude pour être stable ? A-t-elle besoin d'ingratitude pour progresser ? Pourquoi l'ingratitude est-elle toujours présentée comme un défaut ? Pourquoi parlet-on de « physique ingrat » ? Quel rapport avec l'ingratitude ? La gratitude est-elle une valeur de droite ? L'ingratitude est-elle une attitude de gauche ? Ou l'inverse ? La gratitude est-elle une chaîne ? Une contrainte ? Peut-on rencontrer une situation où deux obligations de gratitude se contredisent ?

Et encore : y a-t-il une place pour la gratitude dans une société où l'impôt financerait la totalité des services sociaux ? Et serait-elle nécessaire dans une société où, à l'inverse, chacun serait tenu de financer personnellement la satisfaction de tous ses besoins ?

Enfin : exprimer sa gratitude, est-ce en soi une source de bonheur ? Mériter la gratitude d'autrui, est-ce une source de bonheur ? Le spectacle de la gratitude d'une personne pour une autre est-il aussi une source de bonheur pour ceux qui en sont les témoins ?

Ces questions conduisent à des conclusions très surprenantes, qui devraient avoir un impact radical sur l'organisation de nos sociétés et sur le comportement de chacun d'entre nous.

*

* *

De tout temps, les philosophies et les religions ont voulu nous convaincre que la gratitude était le meilleur moyen d'exprimer l'interdépendance des vivants.

De tout temps, les puissants (divinités, chefs, prêtres, époux, pères) ont exigé la gratitude de leurs fidèles, ou vassaux, ou parentèle, en échange de leur protection.

De tout temps, des humains, refusant d'accepter qu'ils soient seuls dans l'univers, ont eu besoin d'avoir de la gratitude pour quelqu'un ou pour quelque chose. Une force. Un dieu. De tout temps, des dictateurs ont cru que leurs sujets leur étaient reconnaissants.

De tout temps, des religions et des philosophies ont été construites autour de ce devoir de gratitude à l'égard de la ou des divinités. De tout temps, ont été mis en place des rituels organisant l'expression de cette gratitude ; ils ont peu à peu formé l'architecture de toute vie religieuse, politique, sociale.

De tout temps, exprimer de la gratitude a été un besoin vital ; recevoir de la gratitude une gratification majeure, une source de bonheur. De tout temps, savoir à qui on devait de la gratitude, et qui nous en devait, a été un des déterminants principaux de la vie en société.

De tout temps enfin, bien des humains ont ressenti le devoir de gratitude comme une contrainte, à laquelle il fallait tout faire pour échapper : on connaît ainsi bien des exemples, à travers l'Histoire, de débiteurs décidant de détester leurs créanciers pour ne pas avoir à les rembourser, de peuples refusant d'avoir de la gratitude pour leurs dirigeants, d'enfants ingrats à l'égard de leurs parents, de gens refusant de s'engager à rendre en retour un service à ceux qui les avaient aidés (comme ces légionnaires romains, évoqués par Cicéron, qui refusaient de manifester de la gratitude, ou même de l'amitié, aux camarades qui leur avaient sauvé la vie sur un champ de bataille, pour ne pas avoir à risquer la leur en retour).

À partir du XVIIIe siècle, l'argent apparaît plus clairement comme un mode d'expression de la gratitude. Ou comme son substitut. Les idéologues du libéralisme économique présentent encore la gratitude comme une récompense suffisante de certains services, tels ceux des parents, ou des aidants, jusqu'à ce que le marché puisse s'en saisir ; alors que, au contraire, les tenants du libéralisme politique la présentent comme un moyen de protéger la société contre une trop forte emprise de l'argent. La gratitude à l'égard des anciens devient aussi le moteur du nationalisme. Tandis que l'ingratitude s'installe souvent comme celui de la guerre.

Dans les sociétés modernes, de plus en plus individualistes, solitaires, narcissiques, on voit disparaître de nombreuses occasions de ressentir et d'exprimer de la gratitude : la plupart des services sont désormais tarifés ou financés par des impôts ; la gratitude n'y est plus justifiée, ou se réduit pour beaucoup à un signe d'appréciation d'un message sur un réseau social, créant une addiction très particulière au sentiment de gratification que ce signe procure, conduisant à un enfermement dans un ghetto cognitif virtuel.

Les neurosciences démontrent alors l'équivalence chimique de la gratitude et du plaisir d'en bénéficier, confirmant l'intuition multimillénaire de cette similitude.

Au total, aujourd'hui comme depuis toujours, la gratitude reste un élément essentiel de la vie en société, un outil de pacification sociale et une façon d'accéder à un certain bien-être. Les riches et les puissants continuent de tenter de contenir la colère et le ressentiment des peuples en leur imposant ou en leur suggérant un devoir de gratitude envers des dieux, des princes, des marchands, des idoles, des services publics, des artistes, des sportifs, des réseaux et des doubles virtuels. La gratitude est devenue un moteur du profit et un refuge contre la solitude.

En mettant au clair tous ces concepts, on comprendra qu'on a trop longtemps vécu sur une formidable mystification ; que l'ingratitude peut être, dans certaines circonstances, un véritable devoir, une exigence pour se trouver. Et qu'elle n'empêche pas d'éprouver la reconnaissance pour ce qu'on a pu recevoir dans le passé. On comprendra que la gratitude, si essentielle en apparence au bien-être et à l'harmonie sociale, est souvent instrumentalisée par ceux qui la réclament pour conserver un pouvoir ; alors que ceux qui sont fragiles et vraiment indispensables au fonctionnement de la société (les femmes, les invisibles, les générations passées et futures, la nature) et qui sont trop souvent oubliés ont, eux, moins besoin de gratitude que de reconnaissance concrète, d'action en retour. En particulier, il faudrait avoir bien plus que de la gratitude pour le vivant ; il faudrait lui manifester sans relâche notre reconnaissance et lui être utile en retour. Et protéger la nature, les autres humains et les formidables instruments que sont notre corps et notre esprit.

Pour que notre monde reste durablement vivable, pour qu'on y soit enfin libre, il faudra s'enraciner avec reconnaissance ; et avancer parfois avec ingratitude.

Soyez toujours reconnaissant ; osez parfois être ingrat. Telle sera une des conclusions de ce livre.

La confusion des sentiments

À première vue, tout est simple : la gratitude serait le sentiment qu'on ressentirait après avoir reçu un don, ou avoir bénéficié d'une assistance gratuite et spontanée. À l'inverse, le sentiment d'ingratitude apparaîtrait quand, en ayant fait un don, ou rendu un service sans y être tenu, on ne recevrait en retour que de l'indifférence, ou même du ressentiment, voire de l'hostilité. D'ailleurs, dans de nombreuses langues, le mot signifiant « gratitude » et le mot signifiant « merci » ont la même origine latine : *gratias*. Avoir de la gratitude, c'est d'abord remercier. Être ingrat, c'est d'abord ne pas remercier.

Seulement, ce n'est pas si simple : la gratitude est-elle un sentiment ou la manifestation d'un sentiment ? Est-elle une émotion ? Existe-t-elle sans s'exprimer, alors que l'ingratitude n'existerait que quand elle se manifeste ? En va-t-il au contraire de la gratitude comme de l'amour, qui n'existerait qu'en s'exprimant, et par les preuves qu'on peut en fournir ?

Ne peut-on éprouver de la gratitude que pour un acte gratuit ou peut-on en ressentir pour les avantages tirés d'une obligation contractuelle ou légale ? Peut-on par exemple éprouver de la gratitude pour un amant, un amoureux, un ami, un médecin, un professeur, un policier, un patron, un employé, un artiste, un maître ? Un ennemi même ? Soi-même ? Peut-on en éprouver pour autre chose qu'une personne humaine : un animal ? La nature ? Un dieu ? Une œuvre d'art ? Un objet ? Une automobile ? Un plat ? Un vin ? Un chocolat ? Une drogue ? Une ville ? Un pays ? Une culture ? Des valeurs ? Une application numérique ?

Peut-on et doit-on éprouver de la gratitude pour quelqu'un qui s'en sert pour asseoir son pouvoir ? Faut-il accepter d'être un « obligé », comme le dit si précisément la langue française.

Cas extrême : faut-il avoir de la gratitude pour ceux qui nous fournissent des biens qui nous tuent, drogues, sucres artificiels, ou tous autres produits de l'économie de la mort, utilisant des énergies fossiles ?

Et encore : peut-on considérer une manifestation de gratitude comme une forme de rémunération ? Celui qui donne ou rend un service est-il ainsi récompensé par le seul fait de donner, ou par celui de provoquer de la gratitude ? Doit-il recevoir aussi une expression concrète, monétaire, de cette gratitude ? Y a-t-il une relation entre la gratitude et l'altruisme ? Enfin, peut-on éprouver de la gratitude pour une manifestation de gratitude ?

Peut-on distinguer l'ingratitude de la jalousie ? Du manque de respect ?

De fait, entre l'ingratitude et la gratitude il y a une infinité de nuances, depuis le rejet de l'acte généreux jusqu'à la loyauté absolue, en passant par la rancune, le ressentiment, l'oubli, l'indifférence, l'habitude, le détachement, la reconnaissance, la politesse, la bienveillance, l'altruisme et le dévouement. Et bien d'autres.

De plus, l'ingratitude n'est pas exactement le contraire de la gratitude : la gratitude est un état d'esprit qui ne suppose pas d'action, tandis que l'ingratitude ne se révèle que par une action. En conséquence, se comporter avec ingratitude ne signifie pas nécessairement ne pas ressentir de gratitude, puisqu'on peut éprouver de la gratitude pour quelqu'un qui vous a rendu service sans pour autant éprouver le besoin, ou la nécessité, de lui faire savoir ou de lui rendre quoi que ce soit en échange.

Il arrive aussi que celui qui réclame de la gratitude soit en fait celui qui devrait en manifester : par exemple, l'Ukraine doit-elle de la gratitude à ceux qui lui livrent des armes, ou au contraire ces derniers doivent-ils avoir de la gratitude pour les Ukrainiens qui se battent pour la défense de la démocratie, et qui affaiblissent des ennemis communs ?

Le concept de gratitude échappe ainsi aux catégories les plus classiques ; ce que confirme le vocabulaire, toujours flou, sans cesse fuyant, qui fait que, dans certaines langues, mille circonvolutions s'imposent pour l'exprimer.

Par exemple, en français et dans beaucoup d'autres langues, s'il existe un mot, « ingrat », pour désigner le fait de manquer de gratitude, il n'en existe pas pour désigner le fait d'en avoir (en anglais, on dit *ungrateful* et *grateful*). Le français utilise l'expression « être reconnaissant », ce qui, on le verra, n'est pas exactement la même chose. Il n'existe pas non plus, en français au moins, de mot pour désigner le fait de faire quelque chose qui pourrait entraîner de la gratitude, sinon « rendre service », ou « être serviable ». Il n'existe pas non plus de mot pour nommer le fait de commettre une ingratitude. Pas de terme pour caractériser ce que ressent quelqu'un rempli de gratitude (est-il jubilant ? euphorique ? heureux ?) ; ni non plus pour définir ce que ressent celui qui rend service quand il constate qu'il déclenche ainsi de la gratitude. Pas de mot encore pour décrire précisément ce que ressent celui qui constate qu'il fait face à un ingrat (est-ce de la colère ? de l'amertume ? du ressentiment ? un désir de vengeance ?) Enfin, on ne sait pas distinguer clairement la gratitude, en tant qu'état d'esprit, de ses conséquences, qui peuvent être la reconnaissance, le respect, la considération et l'agir en retour.

On parle aussi, pour augmenter encore le trouble du lecteur, d'un physique ingrat (peu avenant) et d'une tâche ingrate (pénible), en raison du double sens du latin *ingratus*, « désagréable » et « non reconnaissant ». Renforçant la connotation négative attachée à l'ingratitude.

Il n'est pas alors étonnant qu'on emploie indifféremment des mots les uns à la place des autres.

D'abord, on parle souvent de gratitude à propos de l'expression de la gratitude. Ce n'est pourtant pas la même chose : je peux ressentir de la gratitude pour quelqu'un sans pour autant l'exprimer ; quitte, ensuite, à regretter de ne pas l'avoir fait. L'expression de la gratitude ne se confond pas non plus avec le fait de remercier : on peut ressentir de la gratitude sans l'exprimer par un remerciement (j'en donnerai plus loin des exemples), et on peut remercier sans ressentir de la gratitude, le remerciement étant devenu aujourd'hui une formule de politesse automatisée. Alors que la gratitude ne se réduit pas à une formule de politesse.

La gratitude n'est pas non plus la même chose que l'amour : par exemple, au-delà de l'amour filial, les enfants peuvent ressentir de la gratitude pour leurs parents. Et ils peuvent aussi ressentir de la gratitude sans ressentir de l'amour. Et de l'amour sans ressentir de la gratitude. La réciproque est plus rare : les parents ressentent rarement de la gratitude pour leurs enfants ; même s'ils le devraient. De même, dans une relation amoureuse, on peut ressentir de la gratitude pour une manifestation d'amour de son partenaire, ou pour ses capacités sexuelles, ou romantiques, ou pour sa capacité de partage ou de protection ; même si être amoureux n'entraîne pas une obligation de gratitude à l'égard de son partenaire et encore moins une obligation de gratitude de celui-ci. Parfois, un amant fait croire à son partenaire que ce dernier ne serait rien sans lui, cherchant ainsi à le convaincre d'avoir de la gratitude à son égard. (C'est l'un des fondements de la manipulation perverse.) Ou, inversement, un amoureux peut se placer lui-même en situation de dépendance, expliquant qu'il a beaucoup de gratitude pour son partenaire, afin que celui-ci se sente flatté et continue de l'aimer. Parfois, cette gratitude amoureuse devient un élément d'un chantage affectif : « Ingrat ! Après tout ce que j'ai sacrifié pour toi, tu ne peux pas me quitter ! »

Bien des gens confondent aussi la gratitude et la reconnaissance : de fait, les deux mots sont employés presque indifféremment, en particulier en français, faute de mot pour signifier qu'on ressent de la gratitude. Ces deux mots renvoient pourtant à des concepts différents : alors que la gratitude est un sentiment ressenti, qui n'a rien à voir avec un devoir de rendre en retour, la reconnaissance sous-entend une obligation de rendre, plaçant celui qui est reconnaissant dans une situation de débiteur : on parle d'ailleurs de « reconnaissance de dette ».

Bien des gens confondent aussi gratitude et considération : pourtant, je peux avoir de la considération pour quelqu'un que je trouve d'un grand intérêt, ou admirable, sans pour autant ressentir pour lui la moindre gratitude. Par contre, si je n'ai pas de considération pour cette personne, je ne peux avoir pour elle de la gratitude. Car l'absence de considération invisibilise ; et on ne peut avoir de gratitude pour quelqu'un qu'on a invisibilisé. Par exemple, si on n'a pas de considération pour ceux qui accomplissent les tâches les plus humbles, essentielles à la vie en société (ou pour la nature, ou les générations passées ou futures), on ne peut éprouver pour eux de la gratitude, et encore moins de reconnaissance. La considération est donc une condition nécessaire, mais pas suffisante, à la gratitude, puis à la reconnaissance.

Bien des gens confondent encore la gratitude et l'admiration : on peut être plein de gratitude pour quelqu'un qu'on admire, mais on peut aussi l'admirer sans lui devoir aucune gratitude ; par exemple, on peut admirer l'œuvre d'un artiste sans ressentir pour lui de la gratitude. En particulier, on peut admirer l'œuvre d'un monstre sans avoir pour lui de la gratitude.

Bien des gens confondent la gratitude et la justice. Si dans bien des cas, il serait juste de faire preuve de gratitude et injuste de ne pas le faire, les concepts ne se recouvrent pas.

Bien des gens confondent aussi l'ingratitude et la vengeance, qui ne se recoupent qu'en partie : on peut se venger d'une ingratitude. On peut se venger par ingratitude. Mais on peut aussi rechercher une vengeance contre quelqu'un qui a trahi une vieille amitié ou une simple relation de confiance, ou qui a été injuste, sans être ingrat.

Bien des gens confondent aussi l'ingratitude avec ses manifestations, qui peuvent être de l'indifférence, du ressentiment, de l'amertume, qui peuvent d'ailleurs être aussi des sentiments ressentis face à de l'ingratitude.

On confond encore ingratitude et narcissisme. Le narcissisme est un facteur majeur d'ingratitude : parce que je suis le meilleur, je ne dois rien à personne. Mais l'un n'est pas la même chose que l'autre : le narcisse sera presque nécessairement ingrat, l'ingrat n'est pas nécessairement narcisse.

On confond aussi parfois ingratitude et cynisme. On peut être ingrat par cynisme. On peut aussi faire preuve d'une gratitude apparente par cynisme.

Bien des gens confondent en plus la gratitude avec la relation à autrui et pensent que ressentir de la gratitude permet d'échapper à la solitude. Une illusion de plus, dont on aura à reparler.

De plus, bien des gens confondent la gratitude avec l'altruisme, et en particulier avec l'altruisme intéressé : par exemple, j'ai intérêt à être altruiste à l'égard des générations futures et j'aurai aussi de bonnes raisons d'être plein de gratitude à leur égard.

Et encore : certains ne ressentent de gratitude qu'artificielle, comme un remords, une obligation morale dont on ne sait se défaire.

Par ailleurs, on peut ressentir (et c'est presque tout le temps le cas) de la gratitude pour une manifestation de gratitude. Par exemple, un enseignant peut ressentir de la gratitude pour la gratitude exprimée par un élève, ou un ancien élève ; un auteur peut en ressentir pour l'ensemble de ses lecteurs, ou pour un lecteur en particulier, surtout si celui-ci a pris la peine de lui faire savoir qu'il a aimé le lire et qu'il lui a témoigné ainsi de la gratitude ; un soldat peut ressentir de la gratitude pour la gratitude exprimée par ses chefs en reconnaissance de ses exploits. C'est ce que je nommerai ici « la gratitude réciproque ». Plus encore, si je peux éprouver ainsi de la gratitude pour le fait que vous me fassiez savoir que vous en avez à mon égard, vous pouvez alors, vous aussi, ressentir de la gratitude pour la gratitude que je ressens pour l'expression de votre gratitude. La gratitude est ainsi auto-entretenue.

La gratitude est un sentiment transitif : on peut ressentir de la gratitude pour le plaisir que procure le spectacle de la gratitude que quelqu'un ressent pour un troisième ; par exemple, on peut ressentir de la gratitude pour l'émotion que procure le spectacle de la gratitude exprimée par un parent pour un autre, un ami pour un autre, un personnage de roman, de théâtre ou de cinéma, pour un autre. Une grande partie du secret de tout ressort dramatique tient d'ailleurs dans cette remarque. C'est ce que je nommerai « la gratitude par procuration ».

Enfin, la gratitude peut être aussi une obligation socialement imposée, qui écrase les plus faibles par des obligations imaginaires.

Au final, la gratitude semble échapper à toute définition. Et pourtant, on sait toujours avec précision, au-delà des mots, quand on ressent de la gratitude, et quand on s'estime victime d'une ingratitude. Les mots ne sont donc pas, une fois de plus, le meilleur véhicule des émotions.

L'évidence du ressenti

Ressentir de la gratitude comme une évidence n'est pas rare : Qui ne s'est jamais trouvé en situation d'être submergé de gratitude envers une mère attentionnée, un père affectueux, un grand-père indulgent, un moment, ou une vie, d'amour ? Pour un moment de connivence en silence avec un ami ? Pour un animal de compagnie ; pour la nature qui nous donne de si grandes merveilles ? Pour celui que certains nomment Dieu ; pour un écrivain, un musicien, un peintre ; pour un médecin qui nous a guéri ou qui a sauvé la vie d'un proche ; pour un avocat qui nous a sorti d'un mauvais pas ; pour un plombier venu réparer une fuite un dimanche après-midi ; pour un merveilleux cuisinier, amateur ou professionnel ? Pour un bon plat ou un bon chocolat ? Pour un paysan qui vous vante avec amour et gourmandise ses fruits et ses légumes ? Pour quelqu'un qui vous fait un compliment sur votre physique, votre bravoure ou votre talent ? Pour un journaliste qui mène une enquête courageuse et révélatrice. Pour un enseignant à qui on doit beaucoup (ce qu'Albert Camus exprime si bien dans une lettre à Louis Germain, son instituteur, alors qu'il vient de se voir décerner le prix Nobel de littérature : « Sans vous, sans cette main affectueuse que vous avez tendue au petit enfant pauvre que j'étais, sans votre enseignement, et votre exemple, rien de tout cela ne serait arrivé... Vos efforts, votre travail et le cœur généreux que vous y mettiez sont toujours vivants chez un de vos petits écoliers qui, malgré l'âge, n'a pas cessé d'être votre reconnaissant élève. »).

Qui n'a pas aussi ressenti de la gratitude pour la vie elle-même ? Et pour le spectacle de la gratitude, par exemple celle d'un nageur menacé de noyade à l'égard de son sauveteur. Qui n'a pas aussi ressenti de la gratitude envers ceux qui rendent, ou ont rendu, un grand service à la collectivité, par exemple pour les héros de la Résistance, ou pour les pompiers ayant sauvé Notre-Dame de Paris ? Qui n'a pas ressenti aussi, plus anecdotiquement, de la gratitude pour l'équipe ou le sportif qu'il soutient, quand elle ou il gagne (Qui, en France, n'a pas ressenti de la gratitude pour Zinédine Zidane, au sommet de sa carrière ? Qui, aux États-Unis, n'a pas ressenti de gratitude, en leur temps, pour le coureur Jesse Owens ou pour le nageur Michael Phelps ?). Qui n'a pas ressenti, parfois, de la culpabilité pour ne pas avoir ressenti ou manifesté de la gratitude ?

Au total, quoi qu'il arrive, on recherche sans cesse des occasions de ressentir de la gratitude. Sans doute aussi, et on y reviendra, pour ne pas se sentir seul.

À l'inverse, qui ne s'est jamais trouvé en situation de ressentir l'ingratitude d'un parent, d'un amoureux, d'un enfant, d'un employeur, d'un collègue, de quelqu'un qui, selon vous, vous doit beaucoup ? Qui n'a jamais pensé, après une rupture, que l'autre avait été ingrat ? Qui n'a jamais regretté d'avoir fait confiance à quelqu'un ? De l'avoir laissé entrer dans son intimité ? Qui n'a jamais vu un chef devenir insupportable avec un collaborateur à qui il devait son succès ? Qui n'a jamais vu un collaborateur tout faire pour remplacer celui qui l'avait engagé ? Qui n'a jamais souffert de voir deux amis, que vous aviez présentés l'un à l'autre, se rencontrer sans vous, puis vous exclure de leur relation ? Un ami oublier un service rendu ? Un autre ami, même, vous détester pour lui avoir obtenu tel avantage ? Un autre encore, vous en vouloir de devoir se souvenir que vous lui avez présenté la femme, ou l'homme, de sa vie ? Quel éditeur n'a pas trouvé un jour ingrat un auteur dont il a fait le succès et qui est parti publier dans une autre maison d'édition, une fois le succès venu ? Quel paysan, quel ouvrier, quel cadre, quel élu, menacé de perdre son revenu, ou son emploi, n'a pas pensé que la société était ingrate à son égard ? Qui n'a pas un jour songé que, s'il n'avait pas la place ou l'emploi qu'il estimait mériter, c'était parce que quelqu'un s'était montré ingrat à son égard ; ou parce que la société, dans son ensemble, ne le traitait pas avec justice ? Quelle nation n'a pas pensé que les autres étaient ingrates à son égard, en lui achetant ses produits à trop bas prix, en exploitant ses ressources, en lui prenant ses terres, ou pour mille autres raisons ? Combien de guerres ont été déclenchées par un sentiment d'ingratitude ?

Dans notre époque victimaire, on entend ainsi, tous les jours, souvent à très juste titre, des paysans, des ouvriers, des professeurs, des journalistes, des infirmiers, des médecins, des cadres, se plaindre de l'ingratitude de la société à leur égard.

En revanche, presque personne n'assume sa propre ingratitude : peu de gens clament, reconnaissent (ou même seulement s'avouent à eux-mêmes) qu'ils se sont montrés ingrats. Peu de gens se disent, en leur for intérieur : « Je sais que je lui dois cela et je fais consciemment preuve d'ingratitude à son égard ; soit parce que je préfère faire comme si je ne lui devais rien, soit parce que ça m'ennuie et que je veux lui signifier ainsi qu'il n'a rien à attendre de moi en retour. »

L'ingratitude des autres est partout ; la nôtre n'est nulle part.

Et si l'ingratitude n'était alors, au fond, dans beaucoup de cas, que la recherche d'un responsable à blâmer pour nos propres erreurs, ou nos faiblesses les plus intimes ?

Ou encore : et si l'ingratitude était un arrachement nécessaire à la prison des sentiments ? Si l'obligation sans cesse répétée d'avoir à faire preuve de gratitude n'était qu'un masque du pouvoir, quel qu'il soit ?

Un peu d'introspection

Pour dépasser ces considérations abstraites, un moment d'introspection est nécessaire, même s'il peut être inconfortable : chacun d'entre nous devrait pouvoir répondre au questionnaire suivant avec le plus d'honnêteté possible.

– Ai-je déjà au moins une fois ressenti de la gratitude ? Envers qui ?

– L'ai-je fait savoir à ceux qui la méritaient ? En quoi et comment les en ai-je remercié ?

– Ai-je été, au moins une fois dans ma vie, ingrat volontairement ? Involontairement ?

– Comment cela s'est-il manifesté ? Par de la colère, de l'indifférence, de l'oubli, de l'hostilité, de l'éloignement ?

– Ai-je été victime d'ingratitude ? En ai-je été, au moins en partie, responsable ?

– À qui, parmi ceux dont les conseils ou les injonctions pouvaient m'avoir paru sur le moment injustes ou pénibles, alors qu'ils ont été déterminants, ai-je fini par manifester de la gratitude ?

– Envers qui ai-je été ingrat ? Avec qui le suis-je encore ?

– Avec qui, parmi ceux à qui je devrais quelque chose, me suis-je fâché, juste pour me prouver à moi-même que je ne leur devais rien ?

– Ai-je fait porter à l'ingratitude d'autrui la responsabilité d'une de mes erreurs ?

– Pour qui suis-je aujourd'hui en situation de gratitude ? D'ingratitude ?

– Que puis-je faire encore pour apaiser le ressentiment de ceux à qui je dois beaucoup et pour qui j'ai fait preuve d'ingratitude ?

– Mes ingratitudes sont-elles réparables ? M'aident-elles à éviter d'en commettre d'autres ?

– Quand la gratitude m'a-t-elle freiné ? Empêché d'avancer ? Fait commettre une erreur ?

– Ai-je été confronté à un conflit de gratitudes contradictoires ?

J'invite chacun de mes lecteurs à répondre à ces questions maintenant ; puis de nouveau à la fin de la lecture de ce livre. Pour ma part, en réfléchissant à ce questionnaire, je constate que j'ai ressenti très souvent de la gratitude, même s'il m'est arrivé de ne pas l'exprimer à ceux dont j'étais redevable.

Par exemple, je ressens encore presque tous les jours de la gratitude pour mes parents qui, bien avant presque tous les autres Français d'Algérie, ont tout sacrifié de leur propre confort pour construire le meilleur avenir possible pour leurs trois enfants, en quittant une ville où ils étaient très heureux, Alger, dont personne alors ne voulait voir les déséquilibres destructeurs, pour s'installer à Paris, où ils ne connaissaient personne, et où rien n'allait être simple. Cette gratitude, je ne la leur ai jamais exprimée. Je ne leur ai jamais dit merci : dans ma famille, on ne parlait pas de gratitude et on ne se disait pas qu'on s'aimait. Et pourtant cette gratitude m'a toujours habité, et protégé de quelques colères.

De même, j'ai ressenti, et je ressens encore, beaucoup de gratitude pour beaucoup d'autres, sans la leur avoir exprimée, parce que je ne me suis rendu compte qu'après coup de leur importance dans ma vie : un instituteur en fin d'école primaire ; un professeur de mathématiques à l'École polytechnique ; un professeur d'Histoire à l'Institut d'études politiques ; un très grand homme politique. Et tant d'autres, figures visibles ou invisibles. En particulier un enfant mendiant dans une rue de Téhéran, tout en faisant ses devoirs, dont le regard ne m'a jamais quitté et m'a servi de boussole. À eux non plus, je n'ai jamais dit merci.

Par contre, j'ai su parfois, et je sais encore souvent, exprimer ma gratitude dans des circonstances plus immédiates : à ceux que j'aime, à ma famille, et en particulier à la mère de mes enfants, à mes enfants et petits-enfants, pour un moment de grâce ; à des amis pour être mes amis ; à des gens m'ayant rendu un insigne ou un minuscule service, sans qu'ils attendent rien en retour ; à des infirmières, à des serveurs, à qui on ne dit rien trop souvent, sinon un merci automatique, sans un regard ; à un médecin venu, un samedi à une heure du matin, tenter et réussir une opération de la dernière chance sur un de mes proches ; à des musiciens, des comédiens, des danseurs après un spectacle. J'ai aussi eu de la gratitude pour des gens qui m'ont exprimé leur reconnaissance pour l'aide que j'ai pu leur apporter, à une occasion ou une autre, pour des lecteurs, pour des inconnus sur les réseaux sociaux. Et en tant d'autres circonstances.

D'une façon plus théorique, j'ai ressenti, et je ressens encore, de la gratitude pour des artistes, peintres, écrivains, musiciens, vivants ou morts il y a des siècles ; pour un paysage d'une beauté indicible, qui m'a bouleversé et transporté. Je me souviens par exemple, encore aujourd'hui, des décennies après, de l'émotion ressentie la première fois que j'ai pénétré dans la basilique de Vézelay ; et de celles éprouvées quand je suis entré dans la grande mosquée d'Ispahan, quand j'ai découvert les paysages à couper le souffle des lacs de Band-e Amir en Afghanistan... Cette émotion, c'était à n'en pas douter de la gratitude pour ce qui avait rendu possible ce spectacle. Pour la vie elle-même.

De même, je sais aussi très facilement discerner le moment où je me sens victime d'une ingratitude : quand quelqu'un que j'ai aidé ne pense pas à m'en remercier ; quand deux amis que j'ai présentés l'un à l'autre, et qui ont ensuite vécu une grande histoire d'amitié, ou d'amour, choisissent de s'éloigner l'un et l'autre de moi, et d'écrire autrement l'histoire de leur rencontre ; quand deux autres, dans la même situation, ne se sont souvenus de mon rôle dans leur rencontre que pour se fâcher avec moi quand ils se sont séparés ; quand quelqu'un dont j'ai fait la carrière s'est empressé de m'écarter de son chemin ; quand un prix Nobel de la paix, pour qui j'avais mené une campagne très active, a trouvé un prétexte pour se brouiller avec moi dès qu'il l'a obtenu ; quand tant de gens, m'ayant demandé de les aider à obtenir une décoration, n'ont pas trouvé utile de m'inviter à la remise ; quand quelques ministres, Premiers ministres, présidents, chefs d'entreprise, diplomates, oublient de mentionner dans leur biographie le rôle que j'ai pu jouer dans leur carrière. De cela, j'ai peu d'exemples avec les gens simples : l'ingratitude touche davantage les puissants.

J'ai tout fait, en tout cas, pour que, dans ces circonstances, mon ressentiment se limite à une constatation amusée, et ne devienne pas la source d'une amertume, ni d'une colère ; encore moins de représailles. Cependant, je ne suis pas toujours parvenu à rester indifférent à ces manquements. Ni à admettre que ces gens-là pouvaient penser sincèrement qu'ils n'avaient aucune raison de m'être reconnaissants.

Pour être vraiment honnête, j'aime à répéter que pouvoir rendre service est un grand privilège et qu'on ne doit rien attendre en retour ;

sans toujours assumer que ce prétendu « grand privilège » ne vise peut-être, pour celui qui prétend en disposer, qu'à bénéficier de la gratitude de ceux qui lui demandent de l'aide, et à se faire admirer d'eux et des autres pour sa serviabilité, sa générosité, son altruisme, son pouvoir aussi ; car si on s'adresse à vous pour vous demander un service, c'est bien parce qu'on pense que vous avez le pouvoir de l'obtenir. L'ingratitude sépare. La gratitude aliène.

À mon tour, je me suis rendu compte *a posteriori* que j'avais trop souvent fait preuve d'ingratitude : quand je n'avais pas remercié, autant que j'aurais dû le faire, des proches ou des inconnus pour des services rendus, très simples, ou très exceptionnels ; quand je n'ai rien fait pour leur être utile en retour ; quand j'ai reconstruit la généalogie de succès que j'aurais pu avoir, pour ne les attribuer qu'à mes seuls mérites, en oubliant ceux qui les avaient rendu possibles. Quand j'ai considéré comme normal qu'on vienne à mon secours à tel ou tel moment difficile.

Dans certains cas, je me suis rendu compte de cette ingratitude, et j'ai pu la réparer : il n'est presque jamais trop tard pour dire merci.

Je crains aussi d'avoir été ingrat à de nombreuses reprises, sans en avoir pris conscience. Et bien des gens à l'égard de qui j'ai sans doute ce genre de dette sont encore vivants, témoins silencieux de mon ingratitude. Je ne le saurai jamais, même en fouillant dans ma mémoire. Sinon que, parfois, m'étonnais-je qu'untel me batte froid, ou que tel autre médise de moi.

Enfin, je me rends compte que, dans certaines circonstances, la gratitude m'a conduit à une indulgence coupable à l'égard d'un proche. Ou à ressentir une culpabilité imaginaire, à ne pas oser rompre à temps quand cela aurait été nécessaire. J'ai, comme tout le monde, ressenti aussi parfois l'obligation sociale de faire preuve de gratitude comme une prison morale dont il est très difficile de s'échapper.

Chacun se reconnaîtra, je pense, dans cette autocritique.

J'invite chacun de mes lecteurs à effectuer maintenant le plus sérieusement possible cet exercice, aussi déplaisant puisse-t-il être, avant d'aller plus loin. Je l'invite à noter ce qu'il peut faire pour réparer ce qui est encore réparable. Puis à refaire le même exercice après avoir lu tout le livre et, en particulier, après avoir compris les différences que j'introduirai entre gratitude, reconnaissance et action en retour. Il constatera alors, j'en suis certain, que le résultat est très différent. Et qu'il peut en tirer de formidables enseignements pour la suite de sa vie.

Que nous enseigne l'Histoire ?

Toutes les communautés fonctionnent par des échanges, dans lesquels des services sont rémunérés par diverses formes de manifestation de gratitude ; à côté de rémunérations plus concrètes, comme la protection ou l'argent. De fait aucune société n'a pu jusqu'ici fonctionner avec seulement des échanges marchands ou obligés. Aucune société n'a pu fonctionner sans gratitude. Et on verra que pratiquement toutes les religions, toutes les philosophies en font l'apologie.

Pourtant, l'ingratitude est partout : toutes les familles, les entreprises, les gouvernements, les partis politiques, les administrations, les associations, les universités, les centres de recherche, les ateliers d'artistes, sont remplis d'histoires d'ingratitude ; d'enfants ingrats à l'égard de leurs parents, de couples se défaisant malgré tout ce que l'un pouvait devoir à l'autre, d'élèves niant à des maîtres dévoués tout rôle dans leurs succès ultérieurs, de professeurs méprisés malgré leurs efforts, d'infirmières mal considérées, d'éboueurs jamais remerciés, de policiers vilipendés, de paysans maltraités, d'employeurs ingrats ; de gens humbles invisibles pour ceux qui refusent d'admettre qu'ils sont nécessaires à leur vie ; de chefs écartant des collègues qui leur avaient fait part de leurs idées, ou éliminant ceux qui les avaient aidés à gravir quelques échelons dans une hiérarchie. L'ingratitude est encore dans mille autres situations, comme l'abandon d'animaux de compagnie ou le massacre de la nature.

Rares sont ceux qui, ayant bénéficié d'un service, rendent publiquement hommage à ceux qui ont été utiles à leur carrière, et leur expriment leur gratitude, en privé ou à la cantonade ; si ce n'est, exceptionnellement, lors d'un pot de départ, d'une remise de décoration, d'un palmarès de festival, ou d'oraisons funèbres. Toutes circonstances rares et tardives.

Pratiquement toutes les mythologies, toutes les religions, tous les récits fondateurs de peuples hindous, africains, égyptiens, grecs, romains, bibliques racontent ce genre d'histoires et en font des modèles moraux : certains parlent de la gratitude due au héros qui a sauvé son peuple d'une inondation, d'une épidémie ou d'un envahisseur, ou qui s'est sacrifié pour assurer le bonheur des siens. Toutes considèrent la gratitude comme nécessaire au bon fonctionnement de la communauté, dénoncent les manquements à la gratitude, et s'en servent pour enseigner aux fidèles la nécessaire gratitude (qui implique ici soumission) à l'égard des dieux, des prêtres et des puissants.

En Chine, selon un récit ancien (qui n'est sans doute que mythologique), un dénommé Fuchai, roi de Wu, rend sa liberté à Goujian, roi de Yue, qu'il vient de vaincre, espérant en faire un allié fidèle ; mais le vaincu, humilié tant par sa défaite que par la générosité de son vainqueur, reprend le combat, défait le royaume de Wu, et pousse le roi trop généreux au suicide. En Grèce, les humains n'interviennent pas pour sauver Prométhée, qui leur a pourtant donné accès au feu ; Thésée abandonne Ariane qui l'a aidé à vaincre le Minotaure ; Jason abandonne Médée qui lui a permis d'obtenir la Toison d'or ; Laomédon, deuxième roi de Troie, délaisse Héraclès, qui l'a sauvé de monstres marins ; Agamemnon retire son butin de guerre à Achille, qui vient de lui donner l'avantage sur les Troyens. Dans la Bible, le couple premier de la Genèse brave l'interdit édicté par Dieu, malgré tous les dons qu'il a reçus de Lui ; Joseph se vante de savoir interpréter les rêves sans reconnaître que c'est un don qui lui vient de Dieu ; le peuple hébreu, libéré d'Égypte, se rebelle contre celui qui l'a libéré, Moïse, et se fabrique un veau d'or. Le roi Saül cherche à faire tuer David, qui vient de le sauver. Dans les Évangiles, un seul des dix lépreux remercie Jésus de l'avoir guéri. Chaque fois, dans ces récits, celui qui commet cette faute en est puni ; celui qui s'est montré ingrat finit par perdre.

L'Histoire réelle fourmille aussi de ce genre de récits, dans lesquels des puissants se débarrassent de ceux qui les ont aidés pour ne pas avoir à faire preuve de gratitude à leur égard. En Égypte, la préoccupation première de chaque nouveau pharaon est d'effacer toutes les traces de son prédécesseur, même si ce dernier l'avait désigné comme son successeur. À Rome, de grands serviteurs de la ville sont souvent bannis par des rivaux qu'ils ont aidés ; ainsi César abandonne-t-il Pompée avec qui il a accédé au pouvoir, avant d'être à son tour abandonné par ceux dont il a fait la fortune, dont Brutus, son fils adoptif. En France, en 1431, le roi Charles VII abandonne Jeanne d'Arc entre les mains des Anglais, alors qu'elle avait mené ses armées à la victoire. En 1661, Louis XIV fait emprisonner Nicolas Fouquet, qui venait d'éviter, pour le compte de Mazarin et du jeune roi, la banqueroute du royaume. En 1793, Philippe Égalité, cousin du roi et qui a voté sa mort, grand soutien des révolutionnaires, est lui-même condamné à mort par eux et guillotiné. En 1799, Bonaparte écarte Barras, qui avait pourtant joué un rôle crucial dans son accession au pouvoir. En 1815, ses généraux le trahissent pour rejoindre les Bourbons. De même en 1851, bien des parlementaires abandonnent la Deuxième République, à qui ils doivent leurs postes, pour servir le coup d'État du prince président. En 1920, le président américain, Woodrow Wilson, est désavoué par le Congrès, juste après avoir conduit les États-Unis à la victoire lors de la Première Guerre mondiale. Staline écarte et fait assassiner Trotski, sans qui il n'aurait rien été. En 1934, Hitler fait assassiner, pendant la « Nuit des longs couteaux », Ernst Röhm et ses SA, qui lui ont ouvert la voie du pouvoir. Clemenceau, Churchill, de Gaulle et tant d'autres ont été chassés du pouvoir par des peuples qu'ils venaient de conduire à la victoire. En 1971, Lin Piao trahit Mao Tsé-toung, à qui il doit tout, avant d'être chassé à son tour et de mourir dans un accident d'avion.

Aujourd'hui encore, dans les dictatures comme en démocratie, on voit tous les jours des dirigeants écarter de leur entourage ceux à qui ils doivent la magistrature suprême ; bien des chefs d'entreprise renvoyer ceux de leurs collègues qui ont rendu possible leur nomination ; bien des jeunes rompre avec des pères ou surtout des mères à qui ils doivent beaucoup ; bien des hommes quitter, martyriser, des femmes et des enfants après avoir reçu mille preuves d'amour.

Bien des guerres sont fondées sur de telles marques d'ingratitude : détruire plutôt que remercier. Anéantir plutôt que reconnaître une dette.

Que nous disent les artistes ?

La littérature est pleine de récits dont l'ingratitude est le moteur (même si la trame principale de la plupart des romans, la vengeance, n'est pas toujours motivée par l'ingratitude : dans *Le Comte de Monte Cristo*, le célébrissime roman d'Alexandre Dumas, la vengeance est motivée par une trahison qui n'est pas la manifestation d'une ingratitude).

L'ingratitude est l'un des thèmes centraux de l'œuvre de William Shakespeare : le dramaturge anglais emploie les mots « ingrat », « ingrate » et « ingratitude » une quarantaine de fois, et caractérise cette dernière comme « monstrueuse », « hideuse » ou « grotesque ». Ainsi du personnage Caius Martius, dit Coriolan, dans la pièce du même nom, qui se distingue au combat avant d'être déchu et assassiné par ses compagnons d'armes qui lui doivent leur gloire ; ainsi du roi Lear abandonné par deux de ses filles, Goneril et Regan, après leur avoir donné son royaume ; ainsi de Viola, qui déclare dans la *Nuit des Rois* : « Je hais l'ingratitude plus que le mensonge, la vanité, le babillage, l'ivresse ou toute souillure de vice. »

Miguel de Cervantes en fait aussi le fondement de sa morale et fait dire à Don Quichotte : « Les méchants sont toujours ingrats. » Et aussi : « montre-toi reconnaissant [envers tes maîtres], car l'ingratitude est fille de l'orgueil et un des plus grands péchés connus » ; et encore : « Certains disent qu'entre tous les péchés que les hommes commettent, le plus grand est l'orgueil. Mais moi je dis que c'est l'ingratitude. »

On retrouve aussi l'ingratitude comme un moteur narratif dans d'innombrables fables de La Fontaine, dont « Le Corbeau et le Renard » ou « Le Loup et l'Agneau ». De même, dans bien des romans d'amour et de pièces de théâtre, où l'un délaisse l'autre. Ainsi de *Bérénice* de Racine, répudiée par le général romain Titus (qui ne peut risquer de perdre le pouvoir par amour, ce que la reine Bérénice ressent comme de l'ingratitude) ; ainsi de *Werther*, le héros du roman homonyme de Goethe, délaissé par

Charlotte. Ainsi des filles du *Père Goriot,* roman de Balzac, qui délaissent leur père qui a tout fait pour leur ouvrir les portes de la société mondaine ; ainsi de Victor *Frankenstein,* le héros de Mary Shelley, qui rejette sa créature parce qu'elle lui semble effrayante ; ainsi du prince de Salina rejeté par ses héritiers dans *Le Guépard,* roman du prince Tomasi di Lampedusa. Ainsi encore de Jean-Baptiste Grenouille, le héros du *Parfum* de Patrick Süskind, insensible à tous ceux qui l'aident. Enfin, ainsi de *Monsieur Perrichon,* dans la pièce homonyme d'Eugène Labiche, qui préfère donner sa fille en mariage à un jeune homme dont il croit avoir sauvé la vie plutôt qu'à un autre qui a vraiment sauvé la sienne.

Inversement, la littérature comme le cinéma nous donnent à voir, à admirer, d'innombrables expressions de gratitude entre les personnages. Pour le plus grand plaisir du spectateur : quand un héros sauve une héroïne ; quand les bons gagnent une bataille ; quand un acte de bravoure est accompli ; quand la cavalerie sauve la diligence ; quand les gentils l'emportent ; quand un personnage déborde de gratitude pour un autre. Le lecteur, ou le spectateur, ressent alors le spectacle de cette gratitude et il la partage ; elle est inséparable de son émotion artistique. De fait, certains critiquent parfois ce qu'ils nomment avec dédain la « littérature de bons sentiments » ou « à l'eau de rose », le « *feel good movie* », et toute œuvre qui fait vivre par procuration la gratitude qu'éprouvent des personnages les uns pour les autres.

Plus rares sont les œuvres littéraires ou cinématographique fondées sur l'apologie d'une ingratitude salvatrice. Comme si une telle audace restait encore tabou.

On a plus rarement de la gratitude à l'égard d'un artiste. On parle plus aisément d'admiration ; et ce n'est qu'avec les artistes les plus populaires qu'on ose exprimer de la gratitude ; il n'est pas étonnant que ceux-là soient traités comme des divinités et qu'on les nomme des idoles. Pour ma part, je ressens une infinie gratitude pour le François Villon des *Sonnets*, le Jean Racine de *Bérénice*, le Guillaume Apollinaire du « Pont Mirabeau », le Charles Baudelaire des *Fleurs du Mal*, le Wolfgang Amadeus Mozart de l'*Ave Verum*, le Richard Strauss du trio final du *Chevalier à la Rose*, le Pieter Breughel du *Combat de Carnaval et Carême*, le Caravage de la *Méduse*, le Pablo Gargallo du *Prophète*, la Camille Claudel du *Baiser*, le Luchino Visconti de *Mort à Venise*, le Philip Glass de ses quatuors, la Janis Joplin de *Piece of my Heart.* Et pour tant d'autres, écrivains, peintres, musiciens. Plus encore, j'ai souvent ressenti de la gratitude pour une ville, construite par des millions de mains et des milliers d'artistes à travers les siècles, de Venise à Prague, de Varanasi à Cuernavaca.

Pour autant, si on admire le *Voyage au bout de la nuit,* on n'est pas tenu de ressentir de la gratitude pour Louis-Ferdinand Céline. Et si on est bouleversé par *L'Or du Rhin,* rien ne nous force à avoir de la gratitude pour Richard Wagner.

S'installe alors tout un entrelacs de gratitude, de reconnaissance, de considération, de respect, d'ingratitude, de rejet à l'égard de tous ceux dont les humains reconnaissent une utilité : des dieux, les parents, les puissants, les autres membres de la communauté, les générations futures, la nature, la vie elle-même. Chacune à son histoire. Chacune a sa raison d'être. Chacune est menacée de la perdre.

Gratitude envers les dieux

Il m'arrive de refuser de croire que nous soyons seuls ; il m'arrive d'espérer – contre la résignation que me dicte la raison – que le monde n'est pas absurde, que ma vie ne se limitera pas aux quelques moments passés sur cette planète dans une conscience impalpable à l'intérieur d'un corps périssable.

Il m'arrive d'imaginer qu'il existe un, ou des moteurs de l'univers, une raison d'être de la vie, un architecte universel, capable de donner sens à toutes les forces du monde, une réponse à toutes les questions ; il m'arrive d'espérer que la conscience humaine n'est pas seulement le résultat improbable d'une évolution chimique aléatoire ; qu'elle répond au projet d'une entité inconnaissable, dont je me plais à imaginer l'existence, sans pour autant l'identifier au Dieu d'une religion quelle qu'elle soit. Il m'arrive de croire que tout ne s'arrêtera pas, pour moi comme pour ceux que j'aime, avec la mort ; que nous serons un jour réunis quelque part, sous forme d'esprits ou de consciences, ou sous toute autre forme. Il m'arrive de penser que des événements apparemment dus au hasard ne le sont pas. Il m'arrive d'en trouver la preuve dans les lieux de prière de toutes les religions, où des fidèles viennent confier à leurs dieux leurs peurs, leurs angoisses, leurs rêves, leurs souhaits, leur gratitude ; il m'arrive d'être bouleversé par une œuvre d'art qui me semble contenir des messages bien au-delà de l'humain, d'être ébloui par la subtilité et la profondeur de métaphores cachées dans les textes sacrés de toutes les formes de religions. Il m'arrive de penser que les équations mathématiques qui régissent l'univers sont la preuve de l'existence d'une entité supérieure, d'avoir besoin de ressentir de la gratitude pour l'architecte de tout cela, dont je veux croire à l'existence et dont il m'arrive de ressentir des signes autour de moi.

Tous les humains, ou presque, depuis l'Antiquité la plus reculée, ont ressenti cela : tous ont, à un moment ou un autre de leur vie, craint et admiré la nature, capable de tout donner comme de tout reprendre. Ils ont pensé que des dieux la maîtrisaient. Ils ont imaginé des forces protectrices, pour pouvoir leur exprimer de la gratitude ; ils leur ont attribué des noms. Ils ont espéré qu'ils donneraient un sens à leur vie, qu'ils leur épargneraient l'absurdité de la mort, et qu'ils leur ouvriraient les portes d'une autre forme ou d'une éternité. Ils ont redouté leurs pouvoirs, cherché comment les ménager, comment leur plaire. Ils ont éprouvé de la gratitude pour ceux de ces dieux qui leur donnaient la vie ou qui les sauvaient d'un naufrage, d'un incendie, d'un massacre ; ou qui se sacrifiaient pour eux ; et pour ceux dont ils espéraient qu'ils pourraient leur donner l'amour ou la victoire, ou les protéger de la douleur.

Le poète allemand Goethe le dira très bien, au début du XIXe siècle : « Au plus pur de notre âme palpite un ardent désir de nous abandonner librement et par gratitude à un être inconnu, plus haut et plus pur, déchiffrant pour nous l'énigme de l'éternel Innommé. »

Quand ces croyances deviennent des religions et s'installent comme des pouvoirs, la gratitude s'exprime à la fois par une forme de révérence et d'obéissance ; elle devient un devoir et parfois une soumission avec de terribles exigences : elle s'étend alors aux prêtres, redoutables intercesseurs ; elle doit être exprimée par des obligations, des offrandes, des sacrifices, des cérémonies, des rituels, des guerres « saintes ». Celui qui se révolte contre les dieux, le Créateur, ou ses représentants sur Terre, est dénoncé comme ingrat ; et il est condamné aux pires tourments, privé de la résurrection ou de la réincarnation, étapes vers l'immortalité.

Pour le judaïsme, le croyant doit être reconnaissant à Dieu, et à Lui seul, pour Sa création, Sa miséricorde, Sa bienveillance, et pour la nature qu'Il met à notre disposition, Son pardon de nos offenses et de nos péchés. Chaque fidèle doit Lui manifester de la gratitude et de la reconnaissance, sous forme d'offrandes et de prières, sans pour autant, en tout cas dans certaines branches du judaïsme, en attendre une résurrection individuelle, ni même, pour certains, une vie éternelle sous quelque forme que ce soit.

Les théologiens chrétiens, eux, affirment que la promesse du Christ est celle du Paradis et de la résurrection de chacun ; ils prônent un devoir de gratitude pour l'amour infini de Dieu et pour le sacrifice de Son fils. C'est l'objet des

« actions de grâce ». Délaisser ces prières est dénoncé par l'Église comme une ingratitude, un péché mortel. L'ingratitude à l'égard de Dieu conduit en Enfer. D'autres théologiens chrétiens y ajouteront ensuite la nécessité de ressentir de la gratitude pour les serviteurs de Dieu et de les en récompenser par des dons fastueux ; ils font même de ces dons à l'Église la condition du pardon des péchés et de l'accès à la vie éternelle. La dénonciation de l'ingratitude envers Dieu et Ses serviteurs structure la pensée chrétienne : au début du XIIe siècle, Bernard de Clairvaux écrit : « L'ingratitude [envers Dieu] est un vent brûlant qui assèche la source de l'amour, la rosée de la miséricorde, les ruisseaux de la grâce. »

Dans l'islam aussi, le croyant est appelé à avoir de la reconnaissance pour les bienfaits apportés par Dieu et pas seulement pour Dieu lui-même ; ainsi est-il dit dans la sourate Ibrahim (14:7) : « Et lorsque votre Seigneur proclama : "Si vous êtes reconnaissants, très certainement j'augmenterai [mes bienfaits] pour vous. Mais si vous êtes ingrats, Mon châtiment sera terrible." » Un hadith élargit l'obligation de gratitude et de reconnaissance aux autres humains : « Celui qui n'est pas reconnaissant envers les gens, n'est pas reconnaissant envers Dieu » et même à toutes les formes de vie. Abu Hamid al-Ghazali (1058-1111) décrit dans *Ihya Ulum al-Din* (« La Revivification des sciences religieuses ») la gratitude comme une obligation majeure, et l'ingratitude comme un manquement grave aux obligations de la foi. Dans la tradition soufie, la gratitude (*shukr*) envers Dieu devient une composante essentielle de la pratique spirituelle ; Rûmî parle fréquemment de la nécessaire gratitude continue à l'égard des bénédictions divines comme d'un chemin vers l'amour divin, et de l'ingratitude (*kufr*) comme une grave faute, un oubli de la grâce divine.

Dans les Védas et les Upanishads, on retrouve aussi la nécessité de la gratitude envers les dieux, élargie cette fois aux ancêtres et à la nature. Elle est la condition de bonnes réincarnations, permettant d'échapper progressivement à ce cycle et d'atteindre le nirvana. L'ingratitude est vue comme un signe d'ignorance spirituelle, une déviation du karma individuel, une perturbation de l'équilibre cosmique, conduisant là encore à s'éloigner d'une vie éternelle heureuse. Le Bouddha considère aussi la gratitude envers les dieux (comme envers toutes les formes de vie, humaine, animale et végétale) comme la forme principale de la reconnaissance de l'interdépendance de toutes les formes de vie ; il enseigne en particulier un devoir de gratitude envers les parents, les enseignants et les moines (qui, eux, en sont dispensés, parce qu'ils se détachent de toutes les jouissances et rejettent toutes les formes ordinaires d'amour et de gratitude, l'une et l'autre, dit le Bouddha, étroitement associés à l'attachement aux choses du monde). Des maîtres comme Dōgen (philosophe japonais du XIIIe siècle qui introduisit le bouddhisme zen dans l'archipel) enseignent l'importance de vivre à chaque instant dans la reconnaissance, la gratitude, la compassion à l'égard du Bouddha ; ils en font un élément crucial du chemin vers le nirvana, l'illumination. Comme dans toutes les autres religions, de nombreuses fêtes encouragent l'expression de cette gratitude et y associent d'innombrables offrandes. Et comme ailleurs, les fidèles sont tenus par un devoir de gratitude envers les prêtres et les moines, qui sacrifient leur vie terrestre pour le salut de tous les hommes. Le dalaï-lama actuel souligne souvent l'importance de la gratitude comme un moyen de prendre conscience de l'interdépendance de tous les êtres vivants.

Dans chaque religion, vient un moment où certains fidèles finissent par se sentir déçus, trompés : quand leurs prières n'aboutissent pas, quand la souffrance n'est pas vaincue, les injustices restent sans réponse, la raison contredit la foi. Ils ressentent alors le cruel silence du Ciel ; ils dénoncent son ingratitude : pourquoi faire confiance à un Dieu qui ne me répond jamais, surtout quand j'ai besoin qu'il me sauve de la mort ? Pourquoi me fier à la foi quand la raison me pousse à m'en éloigner ? Pourquoi obéirais-je à ses prêtres qui ne peuvent rien pour moi ? Pourquoi croire quand je souffre ? Quelle gratitude devrais-je avoir pour un Dieu qui laisse mourir des enfants ?

Combien d'Ibos, de Peuls, d'Iroquois, de Sioux ou d'Indiens ont dû maudire leurs dieux quand des envahisseurs venus d'Europe les exterminaient ? Combien de chrétiens ont dû insulter leur Église quand elle les faisait torturer ou brûler vifs ? Combien d'Arméniens ont renié leur foi quand les Turcs les massacraient ? Combien de juifs ont blasphémé quand leur Dieu les oubliait dans des pogroms ou des camps de concentration ? Combien de savants ont maudit Dieu sur les bûchers auxquels les condamnaient leurs découvertes ?

On s'est alors rabattu sur d'autres puissances, d'autres forces dont on pouvait espérer qu'elles méritaient, elles, de la gratitude : les puissants, les parents, la nature, la vie, les contemporains, les générations futures et, *in fine*, la raison.

Gratitude à l'égard des puissants

D'une façon générale, les puissants se disent protecteurs de leurs sujets et réclament leur gratitude. Même les plus tyranniques, qui n'inspirent que de la peur, qui n'hésitent pas à torturer, à assassiner à la moindre critique, au nom d'une religion ou d'eux-mêmes, se convainquent qu'ils agissent pour le bien de leurs peuples, qu'ils leur apportent protection et bien-être. Ils vont parfois jusqu'à proclamer qu'ils méritent le titre de « bien-aimé ». Ils revendiquent et organisent cette gratitude, cette reconnaissance, parfois magnifiée en vénération, en adoration. Ces maîtres se considèrent alors comme les égaux des dieux, ou au moins comme leurs représentants sur Terre : ils revendiquent la même adoration, la même reconnaissance, la même gratitude qu'eux. D'immenses cérémonies, offrandes et sacrifices sont alors organisés pour permettre aux peuples d'exprimer leur gratitude aux tyrans ; toute rébellion est perçue comme une marque d'ingratitude entraînant les punitions les plus sévères. On le voit encore jusque dans les sociétés apparemment les plus modernes et les plus démocratiques, comme les États-Unis d'aujourd'hui, où le président Trump, émerveillé par lui-même, réclame sans cesse l'expression de la gratitude de ses concitoyens et de ses alliés.

Cette gratitude à l'égard du prince s'inscrit en général dans une chaîne de gratitudes successives : le tyran demande à être vénéré inconditionnellement par ses vassaux les plus directs, qui exigent eux-mêmes la gratitude de leurs propres sujets. La jouissance de la servitude est ainsi transitive : l'esclave devrait jouir d'être soumis aux auxiliaires de son maître.

Cette ruse de l'exercice du pouvoir est universelle. Elle s'applique aux pouvoirs religieux, politique et militaire. Elle s'applique aussi dans l'entreprise ; à la relation entre les hommes et les femmes, qui sont trop souvent mises dans la même situation que les sujets soumis à un tyran ; les femmes à qui les hommes demandent d'être reconnaissantes de bien vouloir assurer leur protection. Elle s'applique aussi aux colonisés, qui se devraient d'être reconnaissants envers leurs colonisateurs pour leurs prétendus généreux bienfaits.

Il faut attendre Machiavel pour que quelqu'un ose dénoncer cette supercherie : non, la gratitude n'est pas due aux puissants ; non, le tyran n'est pas aimé, il est seulement redouté ; et il a intérêt à le savoir, à être lucide quant aux sentiments qu'il inspire à son peuple, car s'il croit en la gratitude sincère de ses sujets, il est perdu. De plus, même le prince le plus généreux, le plus aimable, le plus altruiste, ne recevra en retour que de l'ingratitude, car celle-ci, assène Machiavel, est un trait inhérent à la nature humaine. Dans *Le Prince*, il écrit ce texte magnifique et péremptoire : Les hommes « sont ingrats, inconstants, dissimulés, tremblants devant les dangers et avides de gain ; tant que vous leur faites du bien, ils sont à vous ; ils vous offrent leur sang, leurs biens, leur vie, leurs enfants... Ajoutons qu'on appréhende beaucoup moins d'offenser celui qui se fait aimer que celui qui se fait craindre ; car l'amour tient par un lien de reconnaissance bien faible pour la perversité humaine, et qui cède au moindre motif d'intérêt personnel ; alors que la crainte résulte de la menace du châtiment, et cette peur ne s'évanouit jamais ». Aussi, conclut-il, le prince doit inspirer la crainte, mais ni la haine ni le mépris.

Personne avant lui n'avait dit si clairement que l'ingratitude est une donnée de la nature et la gratitude une construction sociale.

Depuis, innombrables ont été, et sont encore, les tyrans (domestiques, patronaux, politiques, religieux, intellectuels ou militaires) qui se sont crus, et qui se croient toujours adorés par leurs victimes.

Plus récemment, le pouvoir a en partie basculé entre les mains des détenteurs du capital, qui font tout, eux aussi, comme les autres puissants avant eux, pour faire ressentir de la gratitude à leurs salariés, à leurs sous-traitants, et à leurs consommateurs. En général, ils y réussissent plus facilement avec leurs consommateurs qu'avec leurs salariés.

Puis, plus récemment encore, on s'est mis à avoir de la gratitude pour l'État et pour les services qu'il pouvait rendre : la sécurité, la justice, l'hygiène, l'éducation, la santé, l'État de droit, la liberté. La gratitude est alors due à chacun de ceux qui rendent ces services et aussi à l'État, entité abstraite, qui organise leur fonctionnement.

Cette gratitude tourne au ressentiment quand ces services ne sont pas bons, quand on a l'impression qu'on les paie trop cher, ou quand on pense que, puisqu'on les paie par ses impôts, aucune gratitude n'est due.

Gratitude envers les générations antérieures

Parmi les puissants, certains ont, de tout temps, demandé une gratitude particulière : les parents et la famille, au sens large. C'est d'ailleurs ainsi que se sont sans doute constitués les premiers pouvoirs : les parents ont, comme les autres, et avant les autres, exigé de la gratitude de leurs descendants, en échange de leur protection.

J'ai dit plus haut ma gratitude pour mes propres parents. Je la ressens tous les jours. Je n'ai connu aucun de mes grands-parents et je n'ai, pendant très longtemps, pas ressenti de gratitude pour eux, et encore moins pour les générations précédentes ; avant de prendre conscience que je venais d'une très longue lignée de gens dignes, qui avaient su conserver leurs valeurs et leur culture, et les avaient transportées avec eux, à travers les pays et les siècles, malgré tous les malheurs qu'ils ont endurés. J'ai désormais, pour ces milliers d'ancêtres, à jamais inconnus et proches à la fois, rétrospectivement, une grande admiration et une immense gratitude.

À l'inverse, je connais d'innombrables cas de gens qui haïssent légitimement leurs parents ou qui sont habités par le remords ou la colère contre le comportement d'un ancêtre. Mais j'ai constaté que ceux de mes amis qui ressentaient de l'amour et de la gratitude, ou au moins de l'indulgence, pour leurs parents étaient en général beaucoup plus heureux que les autres.

De fait, pratiquement toutes les sociétés, toutes les civilisations, ont accordé une importance particulière à la gratitude due par les enfants à leurs parents. Elle est imposée par les dieux qui l'enjoignent, l'imposent. Et toutes les mythologies, cosmogonies, livres sacrés, racontent les terribles punitions qu'encourent les enfants ingrats, en particulier quand on dénonce cette ingratitude filiale sous la forme la plus extrême : le parricide ou le matricide.

En Grèce, Cronos, sur la demande de sa mère Gaïa, mutile son père Ouranos pour s'emparer du pouvoir ; il est ensuite renversé par son propre fils, Zeus. Œdipe, après avoir tué son père et épousé sa mère, se crève les yeux en découvrant son parricide et son inceste. On retrouve le thème du parricide dans pratiquement toutes les cosmogonies et règles de droit.

Dans la loi juive, le quatrième des dix commandements (le premier à ne pas concerner l'amour et la gratitude que les humains doivent à Dieu) dit : « Tu honoreras ton père et ta mère » (Exode, 20:12) ; ce que reprennent mot pour mot l'épître aux Éphésiens puis le Coran (31:14).

Dans les Védas, on peut lire : « Honorer ses parents est la première vertu et le devoir sacré d'un fils » (Manusmriti, 2:1) et on retrouve dans le *Mahabharata* (comme dans le *Dhammapada*, un des textes fondamentaux du bouddhisme) de nombreuses histoires de fils ingrats sévèrement punis. Confucius et ses disciples accordent une grande importance à la gratitude envers les ancêtres, les parents, les aînés, les enseignants et les supérieurs. Le respect filial, le *xiao* (qui n'est pas exactement de la gratitude, mais plutôt un devoir), est une vertu fondamentale, la base même du rite religieux shintoïste. La culture japonaise, influencée par le bouddhisme et le shintoïsme, valorise également la gratitude à l'égard des anciens, morts et vivants, qui doit s'exprimer par la politesse et le respect.

Dans toutes ces sociétés, le devoir de gratitude se traduit en particulier par l'obligation pour les enfants d'assurer le confort et la survie des parents.

Très récemment, ce devoir de gratitude familiale a commencé à être remis en cause. Avec le développement de l'individualisme, de moins en moins de gens attachent d'importance au bien-être des autres, quels qu'ils soient ; avec l'allongement de l'espérance de vie, les enfants les mieux intentionnés n'ont plus les moyens d'assurer une prise en charge de plus en plus longue de leurs parents ; elle est renvoyée à la société, par le biais des systèmes de retraite. Le discours classique sur l'ingratitude familiale (« après tout ce que j'ai fait pour toi ») est moins audible. Si beaucoup d'enfants financent encore, si nécessaire, le grand âge de leurs parents, beaucoup ne le font plus que par devoir, souvent sans presque plus jamais aller les voir. Certains les abandonnent même totalement, estimant, parfois à juste titre, que ceux-ci n'ont fait que leur devoir en les élevant, qu'ils ne leur doivent rien, ou se considérant eux-mêmes trop âgés pour en porter la charge.

Dans les sociétés modernes, c'est aux mères que devrait aller l'essentiel de la gratitude des enfants ; elles qui, très souvent seules, font en général tout pour qu'ils ne manquent de rien, pour qu'ils ne souffrent pas de pères trop absents, pour qu'ils reçoivent tout l'amour du monde. Ce sont elles, qui, à la fin, trop souvent, sont abandonnées par leurs enfants, leurs fils surtout... De fait, les médias traditionnels comme les réseaux sociaux regorgent désormais, dans le monde entier, d'histoires de parents abandonnés dans la misère par leurs enfants. Parfois à juste titre : surgissent de plus en plus d'histoires d'enfants martyrs ayant mille raisons de maudire leurs géniteurs, ou leurs professeurs, ou toute personne ayant eu sur eux une quelconque autorité. Il ne s'agit pas alors d'ingratitude mais de la prise de conscience d'un martyre. Le ressentiment, la haine, la recherche de justice sont dans ce cas plus que justifiés. La gratitude ne peut plus être un masque de la soumission.

Gratitude envers la nature

Longtemps, j'ai regardé la nature avec indifférence ou même, parfois, avec hostilité. Quand je l'appréciais, c'était parce que j'y retrouvais la main de l'homme : je préférais le jardin à la forêt, l'activité rationnelle des humains à la sauvagerie aléatoire du reste du vivant ; j'abhorrais la victoire permanente du fort sur le faible ; je ne pouvais pas me résigner à l'impitoyable loi de la sélection naturelle ; je méprisais l'absence de progrès d'une génération animale à la suivante. Je n'éprouvais pas non plus la moindre émotion devant une falaise, une grotte, un lac, une chute d'eau, un paysage. Je détestais la puissance de la nature qui détruisait les constructions humaines.

Peu à peu, j'ai évolué. Parce que la raison m'a enseigné l'importance de la biodiversité, qui suppose une nature non maîtrisée par l'homme ; parce que j'ai compris la formidable sophistication d'un essaim d'abeilles, d'une colonie de fourmis, de la moindre herbe, du plus grand des séquoias, du plus fragile papillon ; parce que j'ai été témoin de mille exemples de progrès et d'apprentissage chez les animaux ; aussi parce que j'ai commencé à ressentir de la gratitude face à un paysage, une cascade, un ciel étoilé, un coucher de soleil sur la mer, des tomates dans un jardin ; pour les infinies manifestations de tendresse, d'intelligence, d'empathie, de loyauté de tant d'animaux, familiers ou non, dont nous savons encore si peu de choses. Et enfin parce que, tout simplement, je me sens heureux dans la nature, au moins autant que dans les rues d'une ville, aussi belle soit-elle.

Dans de très nombreuses traditions, la nature est pourtant pensée comme une menace redoutable, que nous avons intérêt à ménager pour éviter qu'elle ne se venge. Elle est aussi pensée comme le fournisseur de tout ce qui est nécessaire à la vie. Elle est même parfois considérée comme une divinité et, en tant que telle, comme à la fois menaçante et digne de gratitude : toute dégradation est dénoncée comme une marque d'ingratitude, dont elle se venge en provoquant des canicules catastrophiques, des inondations assassines, des tremblements de terre désastreux, des éruptions volcaniques ravageuses.

Beaucoup de civilisations se sont ainsi construites sur la prise de conscience des bienfaits dont nous abreuve la nature et des châtiments qu'elle peut nous infliger. Et sur l'importance de faire preuve de gratitude à son égard.

Un exemple parmi beaucoup d'autres : en Amérique du Nord, la « confédération Haudenosaunee », regroupant depuis plus de mille ans plusieurs peuples iroquois, et qui se considère comme le plus ancien gouvernement d'Amérique du Nord, explique dans un manifeste que ses membres sont « enracinés dans des cultures de gratitude envers le monde naturel, prônant le respect et la reconnaissance ». Pour eux, chaque jour « commence à l'endroit où nos pieds sont en contact avec la Terre ; nous envoyons nos salutations et nos remerciements à tous les membres du monde naturel... Nous sommes tous reconnaissants envers notre mère, la Terre, car elle nous donne tout ce dont nous avons besoin pour vivre. Elle supporte nos pieds alors que nous marchons sur elle. Nous sommes heureux qu'elle continue à prendre soin de nous, comme elle le fait depuis le début des temps. Nous remercions toutes les eaux du monde d'avoir étanché notre soif et de nous avoir donné de la force. L'eau est la vie... Lorsque nous regardons autour de nous, nous voyons que les fruits et baies sont toujours là, nous prodiguant les plus délicieux aliments. Nous leur envoyons notre gratitude, notre amour et notre respect ».

On retrouve une telle conception, faisant de la nature la mère de l'humanité, dans d'innombrables cosmogonies amérindiennes, africaines et océaniennes.

Le judaïsme, puis le christianisme et l'islam ont, eux, une vision différente du rapport des humains à la nature : pour eux, elle n'est qu'une créature de Dieu, seul admirable, seul digne de gratitude. Elle est au service de l'homme, placée au centre de la création divine. L'homme peut donc l'utiliser à sa guise, pour se nourrir, se vêtir, se chauffer, se loger. Les textes sacrés mettent cependant quelques limites à cette exploitation : on trouve par exemple d'innombrables lois dans le Lévitique (et plus tard dans les Évangiles, dans les Talmud, et le Coran) édictant les limites à poser à l'activité des cueilleurs, des paysans et des chasseurs, les règles à respecter pour protéger la nature, tels la jachère, l'entretien des forêts, la limitation des constructions humaines, la sanctification de certains animaux, la protection des troupeaux.

Dès que commence la civilisation urbaine, certains humains dénoncent plus encore tout manque de considération envers la nature. Paysans déracinés, ils éprouvent de la nostalgie pour leur vie antérieure ; ils s'inquiètent de la disparition de la campagne et la considèrent comme le milieu le mieux adapté à la vie des humains. Avec Spinoza, la nature (qu'il nomme « la substance ») devient la matérialisation du Créateur, la réalité par laquelle Dieu se révèle : pour lui, Dieu réside en toute chose, dans l'esprit comme dans la nature, et il faut avoir pour elle une gratitude de tous les instants.

À partir du XVIIIe siècle, d'autres penseurs occidentaux, athées pour la plupart, font de la nature une richesse en elle-même, sans plus la considérer comme une manifestation divine. Jean-Jacques Rousseau écrit de très belles pages sur l'amour et la gratitude qu'on lui doit et il dénonce l'exploitation inconsidérée des ressources naturelles. Au milieu du XIXe siècle, aux États-Unis, où commencent à surgir de très nombreuses villes, détruisant les forêts alentour, plusieurs intellectuels prônent le refus de cette artificialisation de la vie et le retour à la campagne. Le poète et philosophe Ralph Waldo Emerson, chef de file du mouvement transcendantaliste, prône un devoir de gratitude envers la nature, source d'inspiration, de beauté et de sagesse. Au même moment, un autre philosophe et poète américain, Henry David Thoreau, décrit la nature comme une force bienveillante, dont la contemplation aide à purifier l'esprit et à clarifier la pensée : il est « essentiel [...] que tous les hommes parviennent à leur pleine dignité d'êtres humains sans se couper de leurs racines naturelles, ni oublier leur place naturelle sur la terre ». Un siècle plus tard, un philosophe allemand, émigré à Jérusalem avant même la création de l'État hébreu, Hans Jonas, critique l'exploitation démesurée des ressources naturelles, qu'il perçoit comme une forme « d'ingratitude destructrice » : « Nous sommes en danger permanent d'autodestruction collective. » Il demande aux humains d'agir « de façon que les effets de [leur] action soient compatibles avec la permanence d'une vie authentiquement humaine sur terre ». À peu près au même moment, le forestier et écologue américain Aldo Leopold écrit : « Nous abusons de la terre parce que nous la considérons comme une marchandise qui nous appartient. Si nous la considérions au contraire comme une communauté à laquelle nous appartenons, nous pourrions continuer à l'utiliser avec amour et respect. » Il théorise une « éthique de la terre » fondée sur trois principes : la vertu, la responsabilité envers les générations futures et le refus de l'anthropocentrisme.

Plus récemment, l'écrivaine canadienne Naomi Klein explique que « l'ingratitude des humains envers la Terre est à l'origine des dérèglements climatiques... Les désordres climatiques imposent une rupture avec le mythe d'une humanité devenue maîtresse de la nature par la volonté de Dieu, et la reconnaissance de ce que nous devons vivre en relation avec le reste du monde naturel. »

Plus récemment encore, le pape François relie dans plusieurs textes – en commençant par l'encyclique *Laudato si'*, en 2015 – ingratitude écologique et ingratitude religieuse, expliquant qu'être ingrat envers la nature, c'est être ingrat envers Dieu ; il s'insurge contre une culture du gaspillage, qui ne prend pas en compte les limites de la nature et ses besoins de régénération ; il appelle à une conversion écologique, par laquelle l'humanité reconnaîtrait qu'elle a exploité la nature de manière ingrate, oubliant qu'elle est un bien commun à protéger. Pour lui, « la préoccupation pour la nature, la justice envers les pauvres, l'engagement pour la société et la paix intérieure » sont indissociables et doivent « s'étendre aux différents niveaux de l'équilibre écologique : avec soi-même, avec les autres humains, avec tous les êtres vivants et avec Dieu ». Comme le souligne à sa suite Paolo Conversi, de l'Université pontificale grégorienne, cette nouvelle perspective doit « prendre conscience de la responsabilité de l'être humain, de chacun d'entre nous, envers soi, envers son prochain, envers la société, envers la création et envers le Créateur ».

De fait, l'absence de gratitude de la plupart des humains à l'égard de la nature explique très largement le pillage qu'on lui fait subir. Elle est même une des causes directes du réchauffement climatique.

Prendre conscience de l'importance de ressentir cette gratitude, de manifester sa reconnaissance à l'égard de la nature dans chaque geste, d'en déduire des actions en retour, forment désormais un ensemble de conditions de survie de l'espèce humaine.

Plus que jamais, la gratitude est la condition de la vie.

Gratitude envers la vie, envers sa vie

Une partie plus restreinte de la nature fait l'objet parfois d'une gratitude particulière : le vivant. Il m'arrive d'avoir de la gratitude pour ce qui m'a fait vivant, et plus largement pour l'existence des autres êtres vivants, humains, animaux, végétaux. J'ai eu la chance de ne jamais être en situation de devoir regretter de vivre ; et j'ai pris conscience, avec le temps, du formidable outil qu'était le corps humain, et plus encore son esprit. Mon corps. Mon esprit.

À l'inverse, tant d'autres gens sur cette planète, et jusque dans ma famille proche, n'ont pas eu le bonheur de se trouver en situation de vivre cela. La vie, pour eux, a été d'un bout à l'autre un enfer. Certains d'entre eux auraient sans doute même préféré ne jamais être nés, plutôt que d'endurer les horreurs qu'ils ont traversées. C'est le cas de bien des humains aujourd'hui, qui souffrent et meurent encore dans mille douleurs et tortures physiques, sexuelles, psychologiques, politiques, climatiques. Et qui, parfois, placés dans de telles circonstances, mettent fin à leur vie. Maudire la vie. Maudire de vivre.

Et pourtant, la vie est, dans la plupart des croyances, un objet de gratitude ; la plupart des cosmogonies font, explicitement ou implicitement, l'éloge de la vie en tant que telle, et remercient le ou les dieux de l'avoir créée. La plupart de ces religions considèrent le suicide et le meurtre comme un péché, quelles qu'en soient les circonstances. Beaucoup de religions expriment spécifiquement une gratitude à leur Dieu pour la création de la vie, et en particulier pour la création de la vie humaine. Plusieurs philosophies asiatiques, comme le taoïsme, prônent aussi la gratitude envers l'ordre naturel des choses, et en particulier envers la vie, indépendamment de toute divinité.

Pourtant, peu de ces religions en déduisent le caractère précieux de la vie de chacun de leurs fidèles. Et moins encore les encouragent à prendre soin de leur corps et de leur esprit. Et moins encore à prendre soin des autres êtres vivants, animaux ou végétaux. Au contraire même, les religions les plus attachées à la non-violence à l'égard de toutes les formes de la vie, comme le jaïnisme, sont, dans certaines circonstances, les moins soucieuses de la protection du corps et de l'esprit humains. On y trouve parfois même des apologies du sacrifice et de l'automutilation.

Dans quelques civilisations anciennes, en particulier occidentales, certains puissants avaient, eux, un sens si aigu de leurs privilèges (et du train de vie qu'ils leur permettaient d'avoir), qu'ils faisaient tout pour en garder conscience. L'écrivain romain Sénèque conseille par exemple, dans sa 18e lettre à son ami Lucilius, de s'astreindre, de temps en temps, à vivre très pauvrement, pour apprécier ensuite avec gratitude les privilèges de sa classe sociale. Dans une autre lettre, il écrit : « il n'est pas de cause de mort plus honorable que celle qui est choisie ».

Les philosophies monothéistes ne font pas, elles, de la vie un sujet spécifique de gratitude : elle est sacrée, mais est toujours, pour eux, seconde par rapport au Créateur. Dans le judaïsme, la vie ne fait pas l'objet d'une gratitude particulière, sinon qu'on y respecte le corps et l'esprit et que rien n'y incite à l'automutilation ou au sacrifice, aux peines auto-infligées, comme dans tant d'autres religions nées au même moment. Même si la peine de mort n'est pas exclue, la vie y est si sacrée qu'on doit renoncer à toute action, même à la construction d'une synagogue, pour financer la libération d'un otage. Un peu plus tard, le christianisme enjoint de célébrer des actions de grâce, pour dire sa gratitude à la vie, ou plutôt à son Créateur ; on y pratique cependant, dans quelques ordres, de très nombreux rituels de pénitence et d'autoflagellation, qu'on retrouve aussi dans certaines branches de l'islam. Tous les monothéismes admettent la pratique de la peine de mort.

Le premier sans doute, le bouddhisme, enjoint de s'émerveiller devant le fait d'être vivant, sans référence à un dieu créateur, quelle que soit sa classe sociale ; d'être aussi plein de gratitude pour l'extraordinaire interdépendance de toutes les formes de vie. Il pousse chacun à apprécier chaque instant de sa propre vie ; il enjoint d'avoir de la compassion (qui n'est pas de la gratitude) pour toutes les autres formes de vie. Au même moment, de nombreuses religions chamaniques développent aussi des pratiques permettant à chacun de se connecter aux autres formes de vie pour leur exprimer de la gratitude. Là alors, on y retrouve des formes diverses d'automutilation.

Il faut attendre la fin du XIXe siècle, à ma connaissance, pour qu'un philosophe allemand fasse explicitement l'apologie de l'ingratitude à l'égard de la vie : Friedrich Nietzsche, dont on reparlera plus loin. Et il faut attendre le début du XXe siècle pour qu'un autre philosophe allemand, Georg Simmel, parle lui, à l'inverse, explicitement et pour la première fois en Occident, « d'un grand sentiment de gratitude envers la vie elle-même ».

À la fin de ce même XXe siècle (dans son essai « *Gratitude and Ingratitude for Existence* » publié en 1991 de manière posthume), le philosophe britannique Rush Rhees, par ailleurs éditeur des œuvres d'un autre grand philosophe de langue allemande, Ludwig Wittgenstein, souligne aussi l'importance de la gratitude envers la vie : « La gratitude envers la vie, écrit-il, permet d'accepter même sa propre vilenie ; et c'est dans ma gratitude pour la vie que je peux aimer le monde. » Ce que théorise tout autrement vingt ans plus tard le philosophe américain

Robert C. Solomon dans un livre paru l'année de sa mort, en 2007, *True to Our Feelings*, en invitant à considérer la gratitude pour la vie comme un état d'esprit à maintenir en permanence, une « émotion philosophique » par laquelle on « ouvre son cœur », une sorte de gratitude indéfinie, « une manière de mettre sa vie en perspective » et « d'embrasser ainsi l'humilité qui vient avec la reconnaissance de notre dépendance, de notre vulnérabilité et de notre minuscule place dans la grandeur du cosmos, dans une gratitude cosmique », mesure d'une « capacité d'apprécier la beauté du tout sans être absorbé dans nos projets et passions limités ».

Cette gratitude autoproclamée, à la cantonade, pour la vie en général, sous toutes ses formes, pour toute réalité vivante, pour toute rencontre, tout événement, pour tout et rien, serait donc, selon Solomon, une source de bien-être, indépendamment même de l'objet de la gratitude. Elle s'accompagne d'une gratitude exacerbée à l'égard de soi-même, sous toutes les formes, allant du narcissisme le plus naïf aux mille formes de soins du corps et d'entretien de l'esprit.

On verra plus loin qu'elle peut devenir, selon les façons dont on la pratique, une ruse du pouvoir le plus envahissant ou au contraire une étape vers un devenir-soi libérateur.

Gratitude envers sa communauté

Les premiers humains ont dû comprendre assez vite qu'ils dépendaient les uns des autres ; que certains d'entre eux étaient plus utiles que d'autres à certaines tâches et que ceux qui étaient inutiles au groupe ne survivaient pas très longtemps. Ils ont alors constaté que, pour qu'une société soit durable, il ne pouvait y avoir de don sans contre-don, sous forme de service, de protection, de marchandise, de monnaie, de reconnaissance ou au moins de gratitude.

Avoir de la gratitude est donc très tôt perçu comme une condition de la vie en société. Ainsi, dès les premières tribus, les humains ont dû avoir de la gratitude pour ceux et celles d'entre eux qui s'occupaient de les protéger, de chasser, de cueillir, de cuisiner, de prier, d'engendrer. La gratitude et l'ingratitude se glissaient alors dans toutes les dimensions de l'activité humaine : la famille, l'agriculture, l'élevage, l'économie, la sécurité.

Depuis très longtemps aussi, chacun a découvert qu'il ressentait un sentiment équivalent à la gratitude quand on lui manifestait de la gratitude ; ce que j'ai nommé plus haut la « gratitude réciproque ». Puis sont venues les chaînes de gratitude, dans lesquelles on ressent de la gratitude pour le spectacle de la gratitude entre deux autres personnes, ou entre deux personnages d'un récit religieux.

Plus particulièrement, toutes les philosophies et toutes les religions ont ensuite voulu montrer que la gratitude entre les membres d'une même communauté était nécessaire à la paix civile. Les philosophes grecs, stoïciens comme épicuriens, furent parmi les premiers à faire du devoir de gratitude envers chacun des membres de sa propre communauté une exigence morale. Aristote l'écrit implicitement dans le livre IX de son *Éthique à Nicomaque*, quand il parle de la reconnaissance due aux gens qu'on aime et à ceux qui vous sont utiles comme la condition de la vie en société et du bonheur personnel : « On est plus heureux quand on a des raisons d'être reconnaissant », écrit-il. Comme si, peut-on comprendre, le fait d'être reconnaissant suffisait à rendre heureux. Comme si éprouver de la gratitude rendait heureux. C'est déjà la gratitude réciproque.

Les Romains reprennent cette idée : au Ier siècle avant notre ère, Cicéron note que « la gratitude fait de l'homme une personne meilleure ; elle crée des liens d'harmonie et de communauté. L'homme plein de gratitude se hisse au niveau de la Nature, ou de Dieu, qui donne sans penser à un retour ». Là encore, idée très moderne : celui qui rend service ressent le même bien-être que celui qui éprouve de la gratitude pour le service qu'il reçoit. À peine un peu plus tard, le grand, l'immense Sénèque insistera sur la nécessité de la gratitude pour qu'une société soit durable. Il écrit magnifiquement : « Qu'est-ce qui garantit la sécurité, si ce ne sont les bons offices mutuels, l'un envers l'autre ? Ce n'est que par l'échange des bénéfices que la vie devient équipée et fortifiée contre les catastrophes soudaines. Individuellement, que sommes-nous ? La proie de toutes les créatures. Et tandis que d'autres créatures possèdent une force innée suffisante pour leur protection, l'homme a une peau fragile, dénuée de griffes ou de dents qui lui donnerait la capacité de terroriser les autres ; sa sécurité réside dans le groupe. » Et il ajoute dans *Des bienfaits* cette phrase définitive : « Tous les crimes proviennent en fait de l'ingratitude, sans laquelle presque aucun grand crime ne peut atteindre sa pleine ampleur ».

Pendant les siècles qui suivent, se forme la théorie des contrats, qui précise peu à peu la valeur d'un bien ou d'un service échangé ou rendu entre membres d'une même communauté, et ce qui peut être demandé en échange de ce service ou de ce bien : de la protection, des biens matériels, des services, de l'argent ; et de la gratitude. Dieu, l'Église et le monarque doivent encore, eux, recevoir une gratitude sans condition ni contrat, et la révolte contre eux reste un péché mortel.

Au XIIIe siècle, au moment où l'Église commence à reprendre à son compte la pensée des philosophes gréco-romains, Thomas d'Aquin définit lui aussi la gratitude entre les fidèles d'une même communauté comme une condition de l'ordre social et un élément majeur du contrat fondateur de cette communauté. Il écrit : « L'ingratitude est une violation de l'ordre de la justice » ; et il définit trois formes d'expression de l'ingratitude : « rendre le mal pour le bien ; dénigrer la valeur d'une faveur reçue ; dénoncer une faveur reçue comme hypocrite et cachant de la malice ». Un peu plus tard, les premiers philosophes de la raison, dont Thomas d'Aquin est un des précurseurs, reprennent la même idée : l'ingratitude est injuste, donc destructrice de l'ordre social. Pour eux, Dieu, l'Église et le monarque méritent encore une gratitude inconditionnelle, qui reste sans relation avec la théorie des contrats.

Quatre siècles plus tard, à Amsterdam, René Descartes précise encore ces concepts et propose une autre distinction que celle de Thomas d'Aquin : au lieu de distinguer trois formes d'expression de l'ingratitude, il distingue trois catégories d'ingrats : les personnes « brutes » et « arrogantes », qui « pensent que tout leur appartient » ; les personnes « stupides », qui ne comprennent pas les avantages qu'ils reçoivent des autres ; et enfin les « faibles et abjects », « qui sont obséquieux lorsqu'ils demandent de l'aide, et qui haïssent en secret leurs bienfaiteurs ». Ces trois sortes d'ingrats « manquent de volonté de rendre la faveur reçue ou se désespèrent d'avoir la capacité à le faire » et, « convaincus que les autres sont aussi cupides qu'eux, acceptent des faveurs sans exprimer de la gratitude ou penser à rendre une faveur en retour ».

Au moment même où écrit Descartes, à Londres, la royauté britannique est secouée par des coups d'État et des contre-coups d'État. Thomas Hobbes fait alors de la gratitude réciproque entre tous les membres d'une même nation une obligation nécessaire au maintien de l'ordre social. Pour lui, ne pas nuire à celui qui vous a rendu service est la forme minimale de la gratitude ; cela devrait être même une loi fondamentale dans toute société et régir tous les échanges non régentés par les lois du marché ou par la contrainte ; il en fait même ce qu'il appelle « la quatrième loi de la nature » (après la recherche de la paix, l'existence de contrats et l'exécution des contrats) : « Celui qui reçoit un avantage d'un autre par pure grâce, s'efforce de faire en sorte que celui qui a fait le don n'ait pas de cause raisonnable de se repentir de sa bonne volonté. » Pour lui, l'ingratitude est « un des vices les plus détestables » qui « choque l'humanité », car elle nuit à l'ordre social en « dissuadant » les gens de « faire davantage de bien ». Mais comme, pour lui, pour ne pas être enclin à nuire, il faut pouvoir rendre l'équivalent de ce qu'on a reçu, il ne faut jamais rendre service à quelqu'un qui ne serait pas en état de rendre un service équivalent : « Recevoir de quelqu'un, dont nous pensons être l'égal, des bienfaits plus grands qu'il y a espoir de lui rendre la pareille, amène à affecter de l'aimer, mais en réalité à le haïr secrètement... Par contre, recevoir des bienfaits, aussi longtemps qu'il y a espoir que je puisse rendre la pareille, dispose à aimer. » Pour lui, le souverain reste, lui et lui seul, encore digne d'une gratitude inconditionnelle.

À Amsterdam, trente-cinq ans après Descartes, Baruch Spinoza définit la gratitude comme « le désir ou l'élan d'amour par lequel nous nous efforçons de faire le bien à celui qui nous en a fait par un sentiment d'amour ».

À Londres, John Locke (né la même année que Spinoza) affirme aussi que la gratitude est un devoir social majeur, qu'elle doit être réciproque, et que l'ingratitude peut entraîner une révolution ; il ne remet pas en cause l'inconditionnalité de la gratitude due à Dieu et au souverain.

Au même moment, toujours à Londres, alors que les révolutions et contre-révolutions se terminent, un historien écossais, Gilbert Burnet, très attaché au prince d'Orange, devenu

Guillaume III d'Angleterre en 1689, explique que si un monarque manque à ses obligations, les citoyens ne lui doivent pas de gratitude et peuvent se révolter. Autrement dit, la gratitude à l'égard du détenteur du pouvoir ne doit pas être sans cause ; elle doit correspondre à une obligation contractuelle. Il écrit ainsi en 1690, dans son *History of Ingratitude* (la première du genre), que monarques et sujets ont les mêmes obligations de loyauté et de gratitude les uns envers les autres, et que les sujets ne doivent aucune gratitude à un monarque qui ne remplirait pas correctement ses devoirs envers eux.

Faire ainsi entrer la gratitude à l'égard du monarque dans la théorie des contrats signe la véritable naissance de la démocratie occidentale. C'est l'apport considérable de cet historien oublié.

À partir de la fin du premier tiers du XVIIIe siècle, l'émergence du libéralisme politique et économique fait basculer la Grande-Bretagne, puis le reste de l'Europe, dans une vision encore plus individualiste de l'éthique : les moralistes britanniques ne se focalisent plus sur la façon dont l'ingratitude menacerait l'ordre social, mais sur le fait qu'elle serait un défaut, un vice personnel, qui empêcherait d'être un partenaire de confiance dans le capitalisme naissant. Ainsi, Anthony Ashley-Cooper, comte de Shaftesbury, la dénonce comme un vice « dérivé de la malhonnêteté ou de la corruption des affections ». David Hume la définit comme « le plus horrible et le plus anormal de tous les crimes que les créatures humaines sont capables de commettre »... « Les ingrats sont aussi condamnables que ceux qui n'aiment pas leurs propres enfants et que ceux qui ne ressentent aucune compassion pour la souffrance des autres. »

Au même moment, dans sa description du royaume de Lilliput dans *Les Voyages de Gulliver*, Jonathan Swift note que « dans cet empire, l'ingratitude est un crime capital, passible de la peine de mort... Car ils raisonnent ainsi ; quiconque fait mauvais retour à son bienfaiteur doit nécessairement être un ennemi commun du reste de l'humanité, dont ils n'ont reçu aucune obligation ; et donc un tel homme ne peut pas vivre ».

Au milieu du XVIIIe siècle, avec le développement de l'économie marchande, apparaît alors une nouvelle dimension de la nécessité sociale de la gratitude : à l'égard d'un client. Adam

Smith explique qu'un boulanger doit être plein de gratitude pour son client ; qu'il doit être soucieux de son bien-être, sans pour autant lui montrer trop explicitement de la gratitude pour sa décision de lui acheter son pain. Pour lui, le bon « fonctionnement de la société économique moderne repose sur l'hypothèse du caractère exceptionnel de l'ingratitude ». Sa *Théorie des sentiments moraux*, publiée en 1759, soit quelques années avant sa *Richesse des nations*, commence d'ailleurs par cette phrase mémorable : « Aussi égoïste que l'on puisse supposer l'homme, sa nature comporte apparemment des principes qui font qu'il s'intéresse à la fortune des autres, et qui lui rendent leur bonheur nécessaire, bien qu'il ne puisse en attendre rien d'autre que le plaisir de le voir. » Autrement dit : dans une société harmonieuse, chacun doit se réjouir naturellement du succès des autres, même s'il n'a rien à en attendre. Smith compare alors l'ingrat à une « bête sauvage » qui devrait « être chassée de toute société civile », et il affirme que « la gratitude nous pousse au-delà de nous-mêmes et nous implique directement dans le bonheur ou à la misère d'autrui ». De plus, ajoute-t-il, la gratitude est contagieuse : un spectateur *a priori* impartial peut éprouver de la gratitude pour quelqu'un qui en a sauvé un autre ; et chacun doit être reconnaissant de tous les actes de bonté commis par d'autres à l'égard de tiers. C'est ce qu'il nomme « gratitude sympathique » et que j'ai appelé plus haut « la gratitude par procuration » : un spectateur éprouve de la gratitude pour le spectacle de la gratitude éprouvée par une autre personne à l'égard d'un tiers. Toute la littérature, tout l'opéra, tout le théâtre, tout le cinéma, sont dans ce constat.

Premiers éloges de l'ingratitude

Quand on conteste un pouvoir, on ne peut plus se sentir lié à lui par une gratitude quelconque ; celle-ci est alors globalement remise en cause. C'est ce qui arrive en Europe à la fin du XVIIIe siècle. Peu à peu, l'ingratitude y trouve droit de cité : pourquoi devrait-on de la gratitude à quelqu'un qui est tenu par contrat de nous servir ? Pourquoi devrait-on de la gratitude à un prince qui ne remplit pas ses devoirs ?

Dans ces sociétés devenant marchandes, tout ou presque devient contractuel. Par exemple, les époux se doivent fidélité selon un contrat, dont les termes sont encadrés par la loi ; ils doivent assistance à leurs enfants, selon un contrat lui-même défini selon les contraintes des lois. Dès lors, pourquoi se devraient-ils de la gratitude ? Et pourquoi les enfants auraient-ils à leur égard un devoir de gratitude ? De même, pourquoi en avoir pour un professeur, un médecin, un pompier, un éboueur, qui sont payés pour effectuer leur travail ? De même, pourquoi serait-on tenu d'avoir de la reconnaissance pour un service qu'on n'a pas demandé ? Pourquoi devrais-je quelque chose à quelqu'un qui prétend m'avoir fourni quelque chose que j'ai obtenu, selon moi, indépendamment de lui ? Et même s'il m'a vraiment rendu ce service, pourquoi ne pas me fâcher avec lui, ne serait-ce que pour me prouver à moi-même que je ne lui dois rien ? Pourquoi devrais-je de la gratitude à une divinité qui ne m'apporte rien ? Ce débat, apparu déjà, on l'a vu, en filigrane chez Aristote, puis chez Cicéron (qui donnait l'exemple des soldats qui s'éloignent de leurs compagnons qui ont risqué leur vie pour sauver la leur afin de ne pas avoir à en faire autant), puis chez Hobbes (qui explique que la gratitude place celui qui reçoit un bienfait en situation de dépendance), trouve une force nouvelle au milieu du XVIIIe siècle.

Jean-Jacques Rousseau, dans le *Discours sur les origines de l'inégalité*, publié en 1755, ne ressent aucune obligation de gratitude à l'égard de qui que ce soit. Et plus encore, il s'en méfie. Il est même l'un des premiers à faire l'éloge de l'ingratitude. Avec prudence : il soutient que la gratitude est « certainement un devoir qui doit être rendu, mais pas un droit qu'on peut exiger ». « Je sens que mon cœur est ingrat du seul fait que la gratitude est un devoir. » Dans son dernier ouvrage autobiographique, *Les Rêveries du promeneur solitaire* (1782), il le répète encore : « j'ai souvent ressenti le poids de mes propres bienfaits par la chaîne de devoirs qu'ils entraînaient à leur suite ». En particulier, dit-il, « j'ai vu que pour bien faire avec plaisir il fallait que j'agisse librement, sans contrainte, et que pour m'ôter toute la douceur d'une bonne œuvre il suffisait qu'elle devînt un devoir pour moi ». On n'est pas loin d'une apologie de l'ingratitude face à tout pouvoir qui tenterait d'imposer une obligation de gratitude.

Au même moment, en Prusse, Emmanuel Kant dénonce encore l'ingratitude comme étant un des trois « vices diaboliques, avec l'envie et la méchanceté » (méchanceté qu'il remplace ensuite par la *Schadenfreude*, la joie mauvaise) : l'ingratitude est, dit-il, « le maximum de la brutalité » et « de l'inhumanité » ; elle est « l'essence de la vilenie et de la méchanceté » ; elle « retourne l'amour des êtres humains sur sa tête, pour ainsi dire, et dégrade l'absence d'amour en une autorisation de haïr celui qui aime ». Mais dans la *Doctrine de la vertu*, il remarque aussi, après Rousseau, qu'être généreux entraîne chez les récipiendaires de la générosité d'autrui des obligations qu'ils peuvent ne pas vouloir assumer et qui peut les conduire à se montrer ingrats ; l'ingratitude se développe alors, explique-t-il, en deux phases : « un déplaisir ou un mécontentement devant l'obligation que l'autre nous impose par la bonté qu'il nous fait » ; puis vient une « haine pour le bienfaiteur, et une passion pour lui faire du mal, simplement parce qu'il nous a conféré des bienfaits » ; l'ingratitude devient alors ce qu'il nomme une ingratitude *qualificata*, c'est-à-dire « maligne et aggravée ».

À la fin de sa vie, au tout début du XIXe siècle, Kant fait plus que comprendre l'ingratitude : il va jusqu'à admettre qu'on a le droit, et même le devoir, d'être ingrat, si le service rendu l'a été par des « bienfaiteurs imaginaires, qui ne visent qu'à aliéner [par leur demande de gratitude] la dignité de l'humanité dans la propre personne [de celui qui reçoit le service] ». Autrement dit : on peut expliquer, sans l'approuver, l'ingratitude à l'égard de quelqu'un de sincèrement généreux ; mais on doit approuver l'ingratitude à l'égard de quelqu'un qui ne vous rend un service que pour avoir une emprise sur vous. En particulier, aucune gratitude n'est due pour un prince qui veut vous opprimer. Sans doute Kant en a-t-il souffert lui-même, en particulier sous le troisième monarque de Prusse dont il a été le sujet, Frédéric-Guillaume II, qui lui a interdit en 1793 de publier *La Religion dans les limites de la simple raison*.

Au XIXe siècle, certains vont même beaucoup plus loin : alors que, jusqu'ici, la gratitude est vue comme le principal ciment d'une communauté, la condition de la paix sociale, l'ingratitude n'est plus considérée comme un défaut, ni même vue comme un sentiment explicable ou même comme un droit, mais comme une nécessité morale, un devoir, une légitime défense. Pour Friedrich Nietzsche par exemple, qui en donne l'expression la plus somptueuse, la gratitude n'est qu'une forme de servilité, de docilité, de reconnaissance de la supériorité de l'autre, de négation de sa propre liberté. Un être vraiment libre, un *Übermensch* (surhomme), doit être capable de définir ses propres valeurs sans en être redevable aux autres ; il doit pouvoir inventer sa propre définition du bonheur et ne pas être influencé par la gratitude ou par la culpabilité. Nietzsche écrit : « Il y a des âmes serviles qui poussent si loin la reconnaissance des services rendus qu'elles s'étranglent elles-mêmes avec le lacet de la gratitude. » Et : « Le devoir de gratitude est une sorte de tyrannie contre la nature et contre la "raison". » Plus encore, affirme-t-il en 1886, dans *Par-delà le bien et le mal* : « Toute la morale est une contrainte » ; en particulier, la morale chrétienne est « une morale de la médiocrité », une « tyrannie arbitraire qui interdit la curiosité et les questionnements », qui pousse à avoir de la reconnaissance envers Dieu, à se soumettre à Ses lois, limitant liberté et créativité. « Une morale de maîtres est la plus étrangère et désagréable, alors qu'on n'a en réalité de devoirs qu'envers ses égaux et qu'on doit pouvoir agir sans être tenu par un devoir, à sa guise, comme "le cœur vous en dit", et en tout cas "par-delà le bien et le mal" à l'égard des êtres de rang inférieur et de tout ce qui est étranger. » L'ingratitude est donc un acte d'émancipation, une expression d'autonomie et de force. Il ajoute : « Dans le cercle de ses égaux, on a la faculté et le devoir de la longue reconnaissance et de la longue vengeance, la finesse dans les représailles, le raffinement du concept de l'amitié et une certaine nécessité d'avoir des ennemis (comme dérivatif des passions telles que l'envie, la rivalité, l'insolence) ; en somme, pour pouvoir être vraiment un ami pour ceux qu'on a choisis comme ses égaux et ses amis. » Pour Nietzsche, nul n'a à se plier aux règles d'un ordre social qui voudrait le forcer à avoir de la gratitude pour des gens qu'il considère comme inférieurs. Donc, à son sens, aucune gratitude n'est due à quelqu'un qu'on n'admire pas, ou qu'on ne reconnaît pas comme supérieur. Il va même jusqu'à faire l'apologie de l'ingratitude à l'égard de la vie, ce que certains comprendront comme l'apologie du suicide.

Au début du XXe siècle, poursuivant la réflexion d'Adam Smith et d'Emmanuel Kant, et en opposition à Thomas Hobbes, le philosophe allemand Georg Simmel exclut toute gratitude dans une relation contractuelle : pour lui, puisque les contrats juridiquement contraignants exigent un service en retour, il ne saurait y avoir de gratitude, car il ne peut y avoir de gratitude, pense-t-il, que là où le service ne peut être rendu en retour : « La gratitude consiste non pas à retourner un don, mais à reconnaître qu'il ne peut être retourné, qu'il y a quelque chose qui place le bénéficiaire dans une certaine position permanente inférieure par rapport au bienfaiteur, et lui fait vaguement envisager l'infinité d'une relation qui ne peut être ni épuisée, ni satisfaite par un don en retour ponctuel ou autre activité. » Ce don non remboursable crée alors les « liens les plus subtils et les plus solides » entre les hommes ; la gratitude est alors « la mémoire morale de l'humanité », « un pont idéal que l'âme croise encore et encore [...] pour se rapprocher » de « l'autre personne ».

Au premier tiers du XXe siècle, l'écrivain et théologien irlandais C. S. Lewis prend le même parti que Simmel et considère qu'il ne peut y avoir de gratitude que si l'action qui la légitime est (comme la grâce divine et l'amour divin) impossible à rendre autrement que par de la gratitude.

Au même moment, en Allemagne, le théologien Dietrich Bonhoeffer dénonce l'arrivée au pouvoir des nazis comme une forme d'ingratitude envers Dieu et envers les enseignements du Christ, avant de prendre le maquis, de révéler en 1941, dans un message envoyé à Londres, sans être entendu, le sort fait aux juifs, de prendre part au complot des généraux en juillet 1944, d'être arrêté, puis exécuté en avril 1945, sur ordre express du Führer, un mois seulement avant son propre suicide.

Gratitude, nationalisme et géopolitique

À partir du XIXe siècle, le nationalisme se construit sur la promotion de la gratitude de chacun à l'égard de son propre peuple, de sa propre nation, de sa propre histoire ; une gratitude pour ceux qui ont vécu avant lui sur son sol et qu'ils lui lèguent : des paysages, une langue, une culture, une littérature, une histoire, des villes, des monuments, des règles de droit et des valeurs morales.

Le patriotisme est ainsi une expression de gratitude, conduisant à la reconnaissance, à l'action en retour, qui peut aller jusqu'au sacrifice suprême.

Si la gratitude devient ainsi le moteur du nationalisme, l'ingratitude devient celui de la guerre. De fait, les peuples, comme chaque être humain séparément, se souviennent plus facilement de ceux qui leur ont fait du mal que de ceux qui leur ont tendu la main : les nations se souviennent, pour le maudire longuement, d'un envahisseur, alors qu'elles se souviennent moins aisément de celui qui est venu les défendre. Bien des peuples libérés de leurs colonisateurs fondent une part importante de leur récit national sur la liste des souffrances qu'ils ont subies et sur leur refus d'avoir la moindre reconnaissance à l'égard de ce qu'auraient pu leur apporter ces colonisateurs. À l'inverse, on retrouve chez tous les colonisateurs cette demande de gratitude et cet étonnement devant le ressentiment légitime des colonisés.

Par exemple, après la guerre de Sécession, (selon George Boulukos, dans son livre sur *The Grateful Slave*), les esclavagistes « avaient désespérément besoin de la gratitude de leurs esclaves pour se définir en tant qu'êtres humains moraux » et ils se plaignaient de l'ingratitude de leurs anciens esclaves. Un planteur de Lynchburg, en Virginie, déclare par exemple : « Je commence à croire qu'ils sont sans gratitude. Les miens semblent avoir oublié toute la gentillesse et la douceur avec lesquelles ils ont été traités par moi et ma famille. » Une autre ancienne propriétaire d'esclaves les qualifie de « race ingrate ». On retrouve chez tous les colonisateurs, en particulier chez certains Occidentaux, cette demande de gratitude ; et cet étonnement devant le ressentiment parfaitement compréhensible des anciens colonisés et les revendications d'indemnisations et de restitutions. Si tant est qu'on puisse indemniser des siècles de tyrannie.

Quelques Américains se souviennent encore de ce qu'ils doivent aux Français pour ce qu'ils ont fait au moment de leur guerre d'indépendance. Bien des Européens ont encore de la gratitude pour les Américains qui, avec beaucoup d'autres, les ont sauvés du nazisme. Mais le marquis de La Fayette est en général bien oublié outre-Atlantique. Et la France y est souvent moquée et méprisée comme un pays dérisoire qui parlerait allemand sans les « *boys* ». En Europe, l'antiaméricanisme se nourrit, lui, de critiques de ceux qui ne seraient pas venus, disent-ils, pour libérer les peuples, mais pour les conquérir et les exploiter.

Plus généralement, la géopolitique fourmille d'exemples d'alliés trompés et trahis après avoir été utilisés : ainsi des Polonais, totalement oubliés dès le début de la Seconde Guerre mondiale, par ceux à qui ils avaient été utiles. Ainsi des Ukrainiens, menacés d'être abandonnés en 2025 par les Américains, alors qu'ils avaient accepté en 1994 de renoncer aux armes nucléaires soviétiques qui étaient sur leur sol ; et, demain, des Taïwanais, des Coréens, des Japonais, que les Américains menacent aussi d'abandonner.

Doit-on encore de la gratitude à quelqu'un qui, après vous avoir sauvé, vient vous détruire ? Les Européens doivent-ils toujours avoir de la gratitude pour les États-Unis, quand leur président claironne que l'Europe est leur ennemi ? Doivent-ils avoir encore de la gratitude pour la Russie, qui a participé au premier rang à la défaite des nazis, mais qui désormais les menace et les attaque ? Les juifs doivent-ils encore avoir de la gratitude pour ceux qui ont gagné la Seconde Guerre mondiale et interrompu la marche des chambres à gaz, quand ils voient proliférer, dans ces mêmes pays, des vagues d'antisémitisme ?

Gratitude et antisémitisme

L'ingratitude à l'égard d'un peuple peut aussi trouver sa source dans le refus de reconnaître ce que ce peuple aurait apporté aux autres. Et, selon le processus classique déclencheur de l'ingratitude tel qu'il se manifeste entre individus, des gens peuvent se fâcher contre un peuple qui leur a apporté quelque chose pour se prouver à eux-mêmes qu'ils ne lui doivent rien.

Un des exemples paroxystiques de cette ingratitude, déclencheur de haine, est l'antisémitisme, ancien et moderne, que j'explique par une quintuple ingratitude à l'égard du peuple juif :

D'abord, certains le haïssent pour ne pas avoir à se souvenir que l'Histoire l'a placé en situation d'apparaître (sans doute à tort) comme celui qui a apporté à tous les autres l'idée d'un Dieu unique : bien des fidèles des monothéismes suivants n'ont pas supporté que les Juifs puissent prétendre être les premiers adorateurs de celui qui est devenu ensuite aussi leur propre dieu. C'est ainsi que, par exemple, l'Église catholique s'est longtemps présentée comme le « Verus Israel », le « vrai peuple choisi », légitimant ainsi l'anéantissement du peuple juif, génocide multiséculaire auquel elle a largement participé, ou couvert de son silence. De même, l'islam, dans certains de ses courants, explique que cette religion était présente bien avant le judaïsme.

Ensuite, certains tenants des autres monothéismes préfèrent souvent oublier que le judaïsme leur a apporté celui qui est, pour certains d'entre eux, le Messie, et tous ses apôtres ; et que ceux qu'ils considèrent comme leurs prophètes étaient d'abord des prophètes juifs. Les Juifs deviennent alors, pour ces gens-là, intolérables par leur existence même. D'où l'invention de la fable d'un peuple déicide.

Ensuite encore, beaucoup en veulent toujours au peuple juif d'avoir été placé, il y a trois mille ans, en situation d'élire domicile sur une terre, la Judée, et d'en faire un pays, Israël, que d'autres, avant et après lui, revendiquèrent comme leur ; et d'avoir choisi comme capitale un village, dont ils ont fait une ville, Jérusalem, dont tous les monothéismes ultérieurs feront aussi un lieu sacré, d'où ils ont tous voulu chasser les juifs, sans admettre qu'une coexistence ou un partage des terres était possible.

Ensuite encore, beaucoup leur en ont voulu d'avoir eu à leur emprunter de l'argent ; oubliant que les juifs avaient été contraints, contre leur volonté, de jouer, à partir du xe siècle, le rôle de banquiers des princes (musulmans puis chrétiens), puis de banquiers des marchands et des armateurs, rôle que personne d'autre ne voulait alors endosser. Les communautés juives n'avaient en effet pas le droit, jusqu'à la fin du XVIIIe siècle, de s'installer dans une ville quelconque, ni au Moyen-Orient ni en Europe, si elles ne s'engageaient pas à exercer ce métier pour le compte des autres ; et comme nul ne saurait avoir de gratitude pour celui à qui on emprunte de l'argent, même si on l'a forcé à en prêter, on se cherche souvent une bonne raison de le haïr assez pour ne pas avoir à le rembourser.

Enfin, on jalouse les Juifs pour avoir été placés en situation d'être le premier peuple dont tous les membres, garçons et filles, eurent l'obligation de savoir lire et écrire (pour lire au moins le texte de sa Loi et la commenter), d'aimer les livres, quels qu'ils soient, de débattre de questions philosophiques et de rechercher des invariants, créant ainsi les conditions pour voir apparaître plus tard quelques géants de la pensée universelle et incarner, plus que d'autres, des valeurs universelles. Des valeurs que d'autres dénoncèrent ensuite, comme l'insupportable raison, l'affreuse modernité, l'intolérable démocratie, l'odieuse liberté, la scandaleuse laïcité, le détestable Occident, à qui on doit tant, et qu'on déteste pour cela.

Plus récemment, comme si l'ingratitude avait trop montré son rôle destructeur, sont apparues plusieurs nouvelles formes de gratitude, toutes utiles au fonctionnement d'une société moderne. Certaines même essentielles à la survie de l'humanité.

La gratitude envers la raison et le progrès

Nous ne sommes pas seulement les héritiers de la nature et de la vie, mais aussi ceux de la raison : c'est grâce à elle qu'ont été pensées et construites des merveilles qui ont permis à nos sociétés de progresser, dans des domaines essentiels au bien-être humain.

La raison n'est pas sortie de nulle part ; elle constitue une dimension très particulière de l'esprit humain. Et l'humanité a mis très longtemps à reconnaître son importance et à admettre qu'elle lui devait de la gratitude.

C'est un sentiment extraordinaire que de découvrir que la raison, la logique, ne sont pas des données en soi, mais des miracles de l'esprit, qui permettent d'expliquer au moins en partie le monde physique. En particulier, ce fut pour moi un émerveillement continu que de découvrir les formidables constructions de la raison que sont l'arithmétique, l'algèbre, l'analyse, le calcul des probabilités, la théorie des distributions ; et tant d'autres concepts bien plus fabuleux encore, de moins en moins intuitifs, de moins en moins logiques, au nom de la raison elle-même. J'ai ressenti de la gratitude pour le plaisir infini que m'ont donné les raisonnements mathématiques les plus abstraits et leur usage dans l'analyse de phénomènes physiques, chimiques, biologiques. J'ai éprouvé une immense gratitude pour ce que me permet de penser mon cerveau, produit d'un milliard d'événements de hasard et capable non seulement de ressentir des émotions, mais aussi d'élaborer des lois complexes rendant compte de phénomènes stupéfiants faits, eux aussi, de milliards d'événements apparemment de hasard.

J'ai ressenti aussi de la gratitude pour tous ceux qui ont découvert ces lois et ont fait avancer le monde par la raison, dont certains sont morts pour elle dans d'affreuses souffrances. La liste en est longue : Thalès, Aristote, Lucrèce, Ibn Rushd, Maïmonide, Thomas d'Aquin, Giordano Bruno, Copernic, Galilée, Pascal, Descartes, et tant d'autres. Jusqu'à Voltaire qui, parmi les premiers sans doute dans l'Occident moderne, exprima explicitement sa gratitude pour la raison, capable, dit-il « d'éclairer l'humanité et de la libérer des superstitions ».

À partir du milieu du XIXe siècle est apparue l'idée qu'on pouvait s'émerveiller aussi devant la principale conséquence matérielle de la science : le progrès technique ; qu'on pouvait avoir de la gratitude pour tout ce qu'il apportait : les machines, l'éclairage urbain, les trains, les automobiles, les tracteurs, les avions, les téléphones, le cinéma, les ascenseurs, les radios, les télévisions, les machines à laver, les gratte-ciel, la réfrigération, les engrais. On a alors loué la société de consommation et sa croissance. La publicité s'est développée là pour inciter à avoir aussi de la gratitude pour des marques et pour les grands acteurs de cette économie : Ford, Carnegie, Edison, Renault. Des économistes tels John Kenneth Galbraith aux États-Unis, Jean Fourastié en France, et tant d'autres ont applaudi à cette abondance. On y a même relié la démocratie, dont on a peu à peu loué aussi les mérites, en la disant inséparable de la liberté du commerce et de la croissance matérielle.

Jusqu'à ce que le désir pousse à éprouver plus de ressentiment pour ce qu'on n'a pas que de gratitude pour ce qu'on a. Et qu'on comprenne que la raison, utilisée pour le mal, peut démultiplier les moyens de mort et transformer l'humain en objet et le détruire, rationnellement.

Alors, la gratitude, comme support de la société de consommation, se transforme en ressentiment. Jusqu'à ce qu'on en trouve un moteur nouveau : le virtuel.

Le ghetto de la gratitude virtuelle

Depuis toujours, on l'a vu, les théologiens, les philosophes, les sociologues ont cherché à montrer que la gratitude était le meilleur moyen de faire ressentir aux humains leur interdépendance. Depuis toujours aussi, celui qui reçoit de la gratitude ressent de la gratitude en retour ; depuis toujours enfin, le spectacle de la gratitude est source de gratitude.

Plus récemment, tout cela a été démultiplié par les moyens digitaux, et en particulier par les réseaux sociaux, qui ont permis à chacun d'être lu, vu, entendu par beaucoup plus de gens, et de recevoir d'eux bien plus de biens, de services, de messages et en particulier de manifestations de gratitude.

D'abord, les entreprises, et les plateformes en ligne qui livrent leurs produits, peuvent recevoir de la gratitude de leurs clients chaque fois que le colis attendu arrive à temps. Et elles peuvent utiliser la gratitude de leurs clients comme un outil commercial. On retrouve alors l'usage des techniques commerciales connues depuis l'Antiquité et évoquées, on l'a vu, par Adam Smith, quand il rappellait l'importance pour un boulanger de faire plaisir à son client. En 2011, ce principe est pompeusement renommé « *Thank You Economy* » par un émigré russe devenu entrepreneur américain, Gary Vaynerchuk, qui, dans un livre homonyme à grand succès, explique que, pour construire une communauté de consommateurs fidèles, un fournisseur doit leur accorder de la gratitude virtuelle en leur envoyant en ligne des messages empathiques et en répondant avec gratitude à leurs commentaires sur les réseaux, « pour créer en retour un sentiment de gratitude chez le client, ce qui peut l'amener à avoir une image favorable de la firme ». Il ajoute : « Un simple "Merci pour vos commentaires !" peut contribuer grandement à faire en sorte que quelqu'un se sente entendu. Cela montre non seulement que vous êtes attentif, mais aussi que vous appréciez leur engagement avec vous. » Il ajoute : « Le partage d'anecdotes personnelles sur la manière dont le public a influencé positivement la vie ou l'activité de l'auteur du message peut donner à cette gratitude un caractère authentique et sincère. En invitant les personnes qui les suivent à partager leurs expériences de gratitude, les utilisateurs peuvent favoriser des liens plus profonds tout en promouvant une culture de l'appréciation et de la gentillesse. »

Depuis lors, ce principe rudimentaire a été développé et démultiplié par des algorithmes, qui visent à faire savoir au consommateur avec une extrême précision que le vendeur a de la gratitude pour lui, et ainsi d'augmenter son audience, qui se mesure en parts de marché, en profit. Toutes les marques utilisent désormais ces moyens pour faire connaître à leurs clients leur gratitude et partager, sur leurs réseaux, les témoignages de la satisfaction de leurs consommateurs.

Ce principe a été ensuite utilisé par les réseaux sociaux, qui suscitent de la gratitude chez leurs utilisateurs pour les retenir le plus longtemps possible, et augmenter ainsi leur profitabilité. Par exemple : j'écris un message sur Instagram ; il plaît à quelqu'un, qui me manifeste son appréciation (reconnaissance, gratitude, comme on voudra la nommer ici) par un commentaire, ou par un simple émoji. En lisant ce commentaire, je ressens en retour de la gratitude pour lui ; nous sommes donc alors liés par un pacte de gratitude réciproque. Plus nombreux sont ceux qui me manifestent ainsi de la gratitude sur les réseaux sociaux, plus je ressens moi-même de la gratitude pour eux et pour le réseau social lui-même, qui me procure de telles occasions de recevoir des expressions de gratitude ; ce qui aggrave encore mon addiction à son égard, me poussant à y passer de plus en plus de temps, à éliminer de ma vue tous ceux dont les commentaires sont négatifs, m'enfermant toujours plus dans un ghetto cognitif de gratitude virtuelle.

L'IA développe encore plus la sophistication de ces algorithmes, en allant chercher, pour me les faire connaître, des messages, des correspondants, des médias, des œuvres, des idées conformes à mes goûts, m'enfermant ainsi dans un univers rassurant, où je me crois entouré d'amis reconnaissants et admiratifs, où je me pense indemne de toute ingratitude, de toute haine, de toute indifférence.

Les jeux vidéo participent à cet enfermement, en fournissant au joueur des sensations voisines de celles de la gratitude pour chacune des victoires qu'il y emporte, des gains qu'il y obtient, des adversaires qu'il y tue. Vertige : le joueur est plein de gratitude pour un jeu qui lui permet de massacrer impunément toutes sortes de créatures.

La chimie de la gratitude

Depuis toujours, on sait que ressentir de la gratitude contribue au bien-être. Depuis peu, les neurosciences l'ont confirmé, en observant ce qui se passe dans le cerveau quand on met des gens en situation d'éprouver de la gratitude : on a constaté que ressentir de la gratitude déclenche dans le cerveau des réactions biochimiques qui libèrent des neurotransmetteurs, des hormones, tels que la dopamine, la sérotonine, les endorphines et l'ocytocine, qui renforcent les sentiments de bonheur et de stabilité émotionnelle et qui sont autant de facteurs de résilience psychologique globale. Ces neurotransmetteurs jouent également un rôle dans diverses fonctions physiologiques, notamment le sommeil et la digestion ; ils contribuent aussi à l'amélioration de la santé mentale, en réduisant des symptômes d'anxiété et de dépression.

Parmi ces neurotransmetteurs libérés lors d'une sensation de gratitude : la dopamine crée une sensation de récompense ou de satisfaction et contribue aux sentiments de motivation et de concentration ; la sérotonine régule l'humeur et la stabilité émotionnelle ; l'ocytocine, souvent appelée « hormone de l'amour », ou « hormone de la tendresse », est produite en général lors de câlins ou de gestes de bienveillance ; les endorphines, libérées après l'exercice physique ou des expériences joyeuses, induisent aussi un sentiment de bien-être, de réconfort et de récompense qui peut être associé à un état de gratitude. À l'inverse, d'autres hormones, comme le cortisol, qui sont par ailleurs signes de stress, sont sécrétées quand on ressent une sensation d'ingratitude.

On a aussi observé que le cortex cingulaire antérieur, impliqué dans la régulation émotionnelle et la cognition morale, présente une activité accrue lorsqu'on ressent de la gratitude ; le cortex préfrontal médian, associé à la capacité à décider, est lui aussi activé lors d'une sensation de gratitude. Par ailleurs, les personnes qui ressentent souvent de la gratitude auraient un volume plus important de matière grise dans le gyrus temporal inférieur droit, qui participe au traitement du langage et à la perception visuelle.

D'autres études montrent que l'hippocampe et l'amygdale, les deux principaux sites régulateurs des émotions, de la mémoire et du fonctionnement corporel, sont activés quand on ressent de la gratitude. Barbara Fredrikson, professeure à l'université de Caroline du Nord et docteure en psychologie, note que la tonicité du nerf vague, qui relie l'intestin au cerveau (et qui est activé par l'amour ou par la gratitude), améliore le système immunitaire.

Le professeur américain Rollin McCraty, qui dirige l'institut Heart Math en Californie, a constaté que ceux qui se sentent reconnaissants présentent une réduction marquée du niveau de cortisol (l'hormone du stress), qu'ils ont un meilleur fonctionnement cardiaque et sont plus résistants aux revers émotionnels et aux expériences négatives. Des tests auraient aussi montré que la gratitude stabilise la tension artérielle.

Par ailleurs, les neurosciences ont montré que les processus chimiques en action quand on ressent de la gratitude sont les mêmes que ceux qui sont en marche quand on rend service. Autrement dit, ressentir de la gratitude et mériter d'en recevoir provoquent des émotions chimiquement équivalentes. Ce qui explique pourquoi, tout au long des temps, il a été si difficile de séparer les deux aspects de la gratitude réciproque.

Enfin, depuis toujours, on sait que certaines substances permettent de ressentir artificiellement des sensations voisines du bonheur réel. Certaines de ces substances (comme la cocaïne, la morphine, l'héroïne et les amphétamines) augmentent la production de dopamine, créant un effet euphorique et des sentiments de bien-être intense, de réconfort émotionnel et d'apaisement, qui peuvent être ressentis comme l'équivalent du sentiment éprouvé lors d'une expérience de gratitude. Autrement dit, certaines drogues déclencheraient des sentiments voisins de la gratitude. D'autres substances (comme certains antidépresseurs) influent sur le niveau de sérotonine et peuvent elles, indirectement, contribuer à des sentiments de paix intérieure ou de plénitude émotionnelle équivalents eux aussi à ceux de la gratitude. D'autres encore favorisent la libération de l'ocytocine, déclenchant des sentiments de liens affectifs, qui peuvent être aussi associés à de la gratitude. Enfin, certaines substances psychédéliques (comme le LSD, la psilocybine et la DMT) peuvent aussi créer des sentiments de compassion, de gratitude et d'ouverture émotionnelle qui, selon le témoignage de certaines personnes les ayant expérimentées, équivaudraient au sentiment d'être utile à la communauté.

Enfin, comme toute addiction, les drogues provoquent un sentiment de gratitude à l'égard du produit et de son fournisseur, qui, lui, se contente rarement de cette gratitude pour se rémunérer.

Et aujourd'hui ?

La gratitude était une passion pour Aristote, un devoir pour Hobbes, un sentiment pour Hume et une nécessité rationnelle pour Adam Smith ; elle est aujourd'hui une émotion.

Elle reste encore aussi le mode de rémunération principal d'une partie de l'activité humaine, au moins celle qui n'est ni marchande, ni le produit d'un service public. Et comme le plaisir ressenti par celui qui rend un service est de même nature que celui ressenti par le bénéficiaire, elle reste un ciment social essentiel.

Beaucoup de gens continuent aussi de ressentir de la gratitude pour un ou des dieux, pour les anciens, pour des amis, pour des amants, pour tous ceux qui les aident, bénévolement ou non, pour ceux qui travaillent à améliorer la société, pour l'État, pour la nature, pour la raison, pour les produits de la société de consommation, pour les soignants, les enseignants, les pompiers, les policiers, les réseaux sociaux ; enfin, pour les artistes et les œuvres d'art.

Beaucoup de gens s'occupent de proches atteints de maladies dégénératives, financent des associations caritatives ou y militent. D'autres encore accomplissent des actes héroïques irréfléchis ou meurent au combat pour protéger leurs nations. Beaucoup de gens continuent aussi d'avoir envie de faire le bien, de rendre service, d'être utiles à leurs proches, à leurs voisins, aux plus défavorisés, ou aux générations futures, parfois sans attendre d'autre rémunération que la gratitude.

De plus, tout est fait pour nous faire ressentir de la gratitude pour les services que nous rendent les entreprises, pour le plaisir tiré d'un achat superfétatoire, d'une consommation effrénée d'énergies fossiles ou de nourriture transformée, pour du temps passé devant les écrans de télévision et sur les réseaux sociaux, dans les jeux vidéo ; pour tout ce qui crée des occasions de profit. La gratitude est devenue un moteur du profit et un refuge contre la solitude.

Enfin, de plus en plus de gens cherchent des substituts virtuels ou chimiques à la gratitude vécue.

Il ne faut alors pas s'étonner si, à l'inverse, beaucoup de gens ont perdu l'envie de faire preuve de gratitude : ils ont perdu la foi en Dieu ; ils ressentent une frustration, qu'entretient la société de consommation, qui pousse à ne pas se contenter de ce qu'on a ; ils ne ressentent plus l'obligation sociale d'avoir à faire preuve de gratitude à l'égard de leurs parents.

Dans les pays où l'État-providence fournit tous les services autrefois rendus par des associations ou des églises, les gens ont aussi moins de raison d'avoir de la gratitude pour un professeur, un médecin, une infirmière, un policier, un juge, un gardien de prison, un maire, une employée de maison de retraite, parce que ces gens sont tous payés pour leur travail, et sont de moins en moins considérés comme représentant l'intérêt général, ni comme des sachants, mais simplement comme des employés au service des contribuables.

Dans les autres pays, là où l'État ne remplit pas ces fonctions, chacun pense qu'il doit encore moins de gratitude à un médecin, un enseignant, puisqu'il doit le payer directement.

Dans les deux cas, des malades se croient autorisés à dicter une ordonnance à leur médecin ; des parents d'élèves trouvent normal d'imposer aux professeurs de leurs enfants de modifier leurs commentaires sur leurs cahiers de correspondance lorsqu'ils ne leur plaisent pas.

Plus généralement, de moins en moins de gens ont envie de remercier, de faire preuve de reconnaissance, de gratitude, d'accepter ainsi une quelconque dépendance. La gratitude cède la place à l'insatisfaction et au ressentiment de ces citoyens que j'ai nommés ailleurs les « résignés-réclamants ».

De plus en plus de gens comprennent que la gratitude socialement imposée n'est qu'une manipulation du pouvoir des maris sur leurs femmes, des parents sur leurs enfants, des employeurs sur leurs employés, des puissants sur les foules.

Tous les États comprennent alors l'importance de rendre à la gratitude un rôle de lien social, d'acceptation de l'ordre politique et de l'utiliser comme un mode de rémunération de ceux des services essentiels qu'elle n'a pas les moyens de financer.

Alors, on cherche à faire en sorte que chacun trouve des raisons nouvelles d'éprouver de la gratitude pour tous les pouvoirs quels qu'ils soient. Et comme c'est de moins en moins naturel, on cherche à provoquer ce sentiment, à encourager chacun à découvrir en soi des motifs cachés de satisfaction, pour ressentir le bonheur de la gratitude.

C'est tout l'objet de ce qu'on nomme désormais la « psychologie positive », qui nous enjoint de ressentir de la gratitude à chaque moment de la journée. Pour tout et rien. Sans raison précise. De la gratitude pour la gratitude, présentée comme un moyen légitime de développer son bien-être.

Dans un livre paru l'année de sa mort en 2007, *True to Our Feelings*, le philosophe américain Robert C. Solomon, un des fondateurs de cette « psychologie positive », invite à considérer la gratitude comme un état d'esprit à maintenir en permanence, une « émotion philosophique », par laquelle on « ouvre son cœur », sans qu'il soit nécessaire de diriger cette gratitude vers quelqu'un ou quelque chose de précis. Il explique que c'est « une manière de mettre sa vie en perspective » et « d'embrasser ainsi l'humilité qui vient avec la reconnaissance de notre dépendance, de notre vulnérabilité et de notre minuscule place dans la grandeur du cosmos, dans une considération cosmique », ce qui nous permet « d'apprécier la beauté du tout sans être absorbé dans nos projets et passions par nature limités ».

Depuis peu, cette « psychologie positive » propose mille moyens, plus ou moins réalistes, plus ou moins naïfs, pour parvenir à ressentir cette gratitude : envoyer des messages de remerciement à tous ceux à l'égard de qui on pourrait être un jour reconnaissant, sans avoir de raison particulière de les remercier ; se demander ce que sa vie serait si un proche n'avait jamais existé et lui exprimer pour cela de la gratitude ; apprécier chaque instant ; rendre grâce pour ce que l'on vit et parce que l'on vit ; se complimenter de ce que nous faisons pour nous-même ; consigner ces différentes formes de gratitude chaque jour dans un « journal de gratitude » ; se demander chaque soir s'il y a eu dans la journée des occasions d'être reconnaissant ; se forcer à les trouver. Se forcer à aimer ce qui vient, à ne pas ressasser ses échecs, à ne pas penser à ce qui va mal, aux trahisons de ses amis, à ses déceptions sentimentales, pour s'émerveiller de tout ce qui va bien ou pourrait être pire ; s'inspirer de la tradition hawaïenne du Ho'oponopono, qui consiste à réagir à chaque agression par l'expression d'une reconnaissance de culpabilité : « Désolé ! Pardon ! Merci ! Je t'aime ! »

Aux États-Unis en particulier, méthodes, cours, séminaires, livres sur ce thème prolifèrent avec un grand succès : la gratitude à la maison, la gratitude au travail, la gratitude dans l'amour, la gratitude érotique, la gratitude en cuisine, la gratitude en sport, la gratitude à l'école, la gratitude à l'hôpital... Et bien d'autres. La Mayo Clinic a même mis en ligne un « *Discover gratitude program* », avec un journal à remplir sur un mois. Et on crée des outils de sondage pour vérifier le niveau de gratitude au travail et dans les urnes.

L'impact bénéfique de tout cela semble établi : une étude de l'université de Manchester, portant sur 400 sujets, montre que la gratitude améliore le sommeil. Selon le professeur McCullough (dans *Counting Blessings vs Burdens*, 2003), 16 % des malades hospitalisés qui tiennent un « journal de gratitude » signalent une diminution de leurs douleurs, et sont plus disposés à coopérer avec la procédure de leur traitement. Une autre étude de Robert Emmons, professeur à Berkeley puis à Davis, montre un impact positif en deux semaines de la tenue d'un journal de gratitude sur la santé mentale de 200 pré-adolescents. Une étude de 2024, publiée dans le *Journal of the American Medical Association*, établit, sur 50 000 sujets (infirmières à la retraite), un lien entre l'espérance de vie et la gratitude, avec un risque de mortalité réduit de 9 %.

Certains vont même jusqu'à soutenir que se forcer à vivre en état de gratitude permettrait d'augmenter de sept ans son espérance de vie.

Naturellement, on aura compris que cet enseignement de la gratitude qui pousse à trouver du plaisir à la ressentir peut être aussi un redoutable moyen pour les puissants de contenir le ressentiment des conjoints, des enfants, des ouvriers, des paysans, des employés, des cadres, des membres d'une communauté, d'un pays, en les orientant vers des sentiments de gratitude plus ou moins artificielle, créateurs de bien-être fictif, en culpabilisant quiconque oserait toute remise en cause des diverses formes de domination, d'injustice, d'aliénation. Sans préparer l'avenir.

Et demain ? Du bon usage de l'ingratitude

Faut-il faire de la gratitude un rempart contre l'éco-anxiété ? Faut-il la considérer comme un moyen essentiel pour protéger la nature et prendre soin des générations futures ? Faut-il en faire un moyen de bien-être personnel ? Faut-il la valoriser comme la clé du bonheur, en bon citoyen, ou la refuser, en grincheux incorrigible ? Faut-il la considérer comme un élément déterminant de la paix sociale ou comme une ruse des puissants, une technique de manipulation des conjoints, des enfants, des consommateurs, des travailleurs et des citoyens ? Faut-il l'accepter comme une rémunération suffisante d'activités bénévoles, en particulier des aidants, pour échapper à la dictature de l'argent ? Ou bien faut-il la combattre, pour que ces activités, essentielles, soient rémunérées décemment ? Comment se dégager d'une obligation sociale de gratitude quand elle est aliénante, sans tomber dans la négation de tous ses devoirs ? Comment tracer une frontière, dans sa vie personnelle comme dans la vie sociale, entre la bonne gratitude et la nécessaire ingratitude ?

Pour répondre à ces questions, je propose de s'en tenir à une distinction simple entre la gratitude (considérée comme l'émotion ressentie face à un service rendu), la reconnaissance (définie comme le fait de prendre acte de ce qu'on a une dette à l'égard de quelqu'un, ou de quelque chose, pour un service rendu), et « l'agir en retour » (défini comme l'ensemble des services ou de biens qu'on rend à quelqu'un qui mérite à la fois de la gratitude et de la reconnaissance). La gratitude est un sentiment. La reconnaissance est le fait de reconnaître d'avoir eu dans le passé l'obligation de rendre service en retour. L'agir en retour est l'action à entreprendre aussi longtemps que cette obligation de rendre service en retour reste valide. L'agir en retour n'est pas nécessairement un service à rendre. Cela peut être une obligation de respect ou de soumission.

La bonne attitude se décompose alors en cinq principes :

Premier principe : Accorder de la gratitude à tous ceux qui nous rendent service sans qu'on puisse nécessairement agir en retour

La gratitude s'impose à l'égard de ceux qui nous rendent service sans qu'on puisse leur rendre l'équivalent, même monétairement : des professeurs ayant illuminé nos études ou nous ayant donné notre vocation ; des relations nous ayant aidés professionnellement sans rien attendre en retour ; des médecins nous ayant guéris ; des anonymes qui rendent possible la vie en société par leur travail invisible ; des inconnus qui nous ont sauvés d'une catastrophe ou qui nous ont mis face à une réalité majeure, comme celle de la souffrance ; des amis nous ayant présenté quelqu'un qui est devenu important pour nous, ou nous ayant informés d'une trahison ; des artistes dont l'œuvre nous bouleverse ; des journalistes nous ayant fait découvrir un chef-d'œuvre ou révélé un scandale ; des hommes d'État ayant bien servi notre pays ; des gens qui nous ont rendu un service sans nous connaître, et que nous ne connaîtrons jamais, en particulier les héros qui ont donné leur vie il y a longtemps pour que nous vivions libres aujourd'hui. On peut aussi, dans un registre plus léger, avoir de la gratitude pour des sportifs qui remportent un match ou un tournoi au nom de notre ville ou notre pays. Et enfin, avoir de la gratitude pour tous ceux, inconnus ou connus, qui nous donnent le spectacle de la gratitude qu'ils méritent d'autrui.

Deuxième principe : Agir en retour chaque fois que c'est possible, et que cela n'implique pas de soumission

Cela peut prendre plusieurs formes : remercier, respecter, faire un compliment, tendre la main sans rien dire ou, bien plus encore, rendre un service équivalent, rémunérer directement ou fiscalement, protéger. En particulier, il faut avoir de la gratitude pour ceux qui ne sont pas en situation de pouvoir à notre égard ; bien des êtres vivants à qui nous devons de la gratitude sont fragiles : la nature, les travailleurs invisibles (les infirmières, les travailleurs des associations, les aidants) ; ils ont besoin de respect, de protection, de soutien, de moyens de vivre décemment et de durer, ne serait-ce que pour qu'ils puissent continuer à nous rendre leurs services. La reconnaissance et l'agir en retour sont alors une forme d'altruisme intéressé.

Il faut aussi avoir de la gratitude pour ceux qui nous fournissent les services de « l'économie de la vie », c'est-à-dire ceux qui sont utiles aux générations futures (en fournissant des services d'éducation, de santé, sécurité, protection, défense, libertés publiques, culture, d'énergie durable, eau et alimentation saines, économie circulaire).

En conséquence, des entités comme l'État (à qui on doit la sécurité, et bien plus selon les pays) méritent, s'ils sont légitimes, de la gratitude, de la reconnaissance et de l'action en retour (sous forme de paiement des impôts et de participation active aux élections). Nos alliés aussi méritent plus que de la gratitude ; ils méritent de la reconnaissance et de l'agir en retour, ne serait-ce que pour s'assurer qu'ils restent des alliés. Ainsi, il est normal, dans une alliance, de prendre sa part du fardeau de défense et d'être solidaire si un allié est attaqué.

On doit aussi, et c'est très important, marquer de la gratitude, de la reconnaissance et de l'agir en retour à l'égard des générations futures.

Certains pourraient penser qu'on ne leur doit rien. En ce sens, Groucho Marx disait clairement : « Je ne vois pas ce que je dois aux générations futures : qu'est-ce qu'elles ont fait pour moi ? » On ne leur devrait donc ni gratitude ni reconnaissance et on devrait ne rien faire pour elles. Si, *a priori*, ceci est une remarque de bon sens, elle est pourtant fausse. Pour s'en convaincre, il suffit de raisonner par l'absurde : supposons qu'il n'y ait plus de générations futures, que plus personne ne naisse à partir d'aujourd'hui, aurions-nous perdu quelque chose ? Oui : si personne ne naissait plus (ce qui n'est pas loin d'être déjà le cas dans des pays comme le Japon ou la Corée, et bien d'autres), on n'aurait plus besoin de maternités, puis de crèches, d'écoles primaires, de collèges, de lycées, d'universités ; personne ne serait plus formé pour remplacer à leurs postes ceux des vivants d'aujourd'hui qui partiraient en retraite. En vieillissant, les plus jeunes des vivants d'aujourd'hui, derniers humains, n'auraient alors plus assez de médecins, d'électriciens, de plombiers pour prendre soin d'eux, pour faire fonctionner la société, qui deviendrait un enfer, bien avant leur mort.

Les vivants d'aujourd'hui ont donc intérêt de veiller au bien-être de ceux qui ne sont pas encore nés et qui vont travailler à leur fournir des services qui leur seront utiles, les services de l'économie de la vie. Nous devons donc accorder à ceux qui ne sont pas encore nés notre gratitude, notre reconnaissance, et agir en retour, c'est-à-dire veiller à ce qu'ils soient formés, soignés, protégés, et qu'ils ne travaillent pas dans les secteurs de l'économie de la mort ; ne serait-ce que pour nous être utiles le moment venu.

Autrement dit : nous devons considérer tous les enfants des générations futures comme nos enfants et avoir pour eux beaucoup de gratitude.

Cette idée est présente dans de nombreuses cultures anciennes, par exemple chez les Hopis d'Amérique du Nord, dont survivent quelques villages, pour qui les vivants d'aujourd'hui ne seraient pas seulement des héritiers reconnaissants des générations antérieures, mais les locataires d'une Terre qui appartiendrait aux générations futures ; envers qui il faut faire preuve de gratitude parce qu'ils nous prêtent ce qui leur appartient, et de reconnaissance pour les préparer à prendre le relais.

Il faut aussi avoir de la gratitude et de la reconnaissance pour la nature : de la gratitude pour ce qu'elle nous apporte de concret et pour l'émotion que nous recevons d'elle ; de la reconnaissance et de l'agir en retour pour la respecter, la réparer, la valoriser. En conséquence, on devrait s'interdire de lui nuire, d'utiliser des énergies fossiles, de gaspiller des ressources rares et s'engager à tout faire pour la protéger, et protéger la biodiversité.

En particulier, c'est envers la vie, végétale comme animale et humaine, que nous devons ressentir plus spécifiquement de la gratitude et agir afin de la protéger autant qu'il est possible. Et plus particulièrement avoir de la gratitude et de la reconnaissance pour les deux formidables instruments à notre disposition, notre propre corps et notre propre esprit. Ressentir de la gratitude et de la reconnaissance pour l'un et pour l'autre doit nous amener à faire ce qu'il faut pour les maintenir en état de marche physique et intellectuelle et en faire le meilleur usage éthique.

La gratitude à l'égard de soi-même est donc une des conditions de la santé et de la longévité. Il va de soi que cette règle s'applique aussi bien au corps et à l'esprit des autres qu'aux nôtres.

Seule exception : je peux ne pas agir en retour pour quelqu'un pour qui j'ai de la gratitude si, entre le moment où il a agi pour moi et le moment où je pourrais agir pour lui, il a commis un acte condamnable ou s'il réagit mal à l'expression de ma reconnaissance.

Troisième principe : Ne pas accorder de gratitude, et encore moins de reconnaissance ni d'agir en retour, à ceux qui nous rendent un service nuisible ou pour nous soumettre

Il n'est pas sain d'avoir de la gratitude ou de la reconnaissance pour tous ceux qui pensent, parfois sincèrement, nous rendre service en mettant à notre disposition des énergies fossiles, des moyens de transport les utilisant, des vêtements et des emballages faits de plastique, des occasions de gaspillage, des produits alimentaires nocifs, des drogues. Plus généralement, il ne faut pas avoir de gratitude, et encore moins de reconnaissance, pour ceux qui nous fournissent les biens et les services de ce que je nomme « l'économie de la mort ».

Il ne faut pas non plus en ressentir pour un individu qui estimerait que la gratitude et la reconnaissance lui sont dues, et qui en fait un instrument de domination.

La gratitude à l'égard de celui qui a rendu un service peut en effet placer, on l'a vu, le récipiendaire en position d'infériorité, en particulier si elle s'accompagne d'une exigence de reconnaissance, une dénonciation de culpabilité, d'une obligation de remords. La langue française le dit très bien quand elle nomme celui qui a une telle dette « l'obligé » : un homme peut ainsi tenter d'obtenir de la gratitude de sa partenaire ou de ses enfants pour mieux les soumettre. Des pervers narcissiques peuvent tenter de susciter de la gratitude et de la reconnaissance chez ceux dont ils veulent faire leurs victimes. Un enseignant peut tenter de créer un sentiment de gratitude chez ses élèves pour les soumettre à ses caprices, en allant jusqu'à les punir sous prétexte du caractère supposé formateur de la punition. Un dictateur peut tenter de susciter de la gratitude chez ceux qu'il veut asservir sous prétexte de la protection qu'il leur accorde. Un employeur peut tenter de susciter de la gratitude chez ses employés au lieu de leur attribuer un salaire décent ; des orateurs peuvent se prétendre désintéressés pour susciter un sentiment de gratitude et l'approbation de leur auditoire ; des commerçants peuvent utiliser la gratitude et la reconnaissance comme une technique commerciale ; des réseaux sociaux peuvent s'en servir pour accrocher les gens le plus longtemps possible ; des dealers peuvent revendiquer la gratitude et la reconnaissance de leurs clients et s'en servir pour augmenter leur addiction.

Cette manipulation de la gratitude au service d'une domination passe toujours par la mise en accusation de celui qui serait ingrat et la production d'un sentiment de culpabilité. Elle a été particulièrement analysée et dénoncée par des écrivains du XVIIIe siècle et des mouvements féministes, présents depuis des siècles. La sociologue féministe américaine Claudia Card écrit ainsi en 1996, dans *The Unnatural Lottery* : « Dans une société misogyne, les femmes ne doivent ressentir aucune gratitude » ; sa consœur Cheshire Calhoun ajoute en 2000 dans *Feminism, the Family and the Politics of Closet* : « Les femmes n'ont souvent pas le sens de ce qui leur est dû et se sentent reconnaissantes alors qu'on ne leur accorde que ce qu'elles méritent » ; « les hommes supposent que les femmes ont des tâches particulières pour lesquelles elles ne devraient pas attendre de gratitude (puisque c'est leur obligation) et pour lesquelles les hommes qui offrent une assistance sont présumés mériter de la gratitude ».

Cette gratitude-là est malsaine et il faut à tout prix s'en défendre. Plus généralement, il ne faut jamais exprimer de gratitude pour les gens qui seraient eux-mêmes incapables de gratitude, et moins encore pour ceux qui seraient incapables de reconnaissance. Quel que soit le service rendu. Ces gens-là sont d'ailleurs en général arrogants, égoïstes, cyniques et narcissiques avec un besoin insatiable d'admiration et d'approbation. Quels que soient leurs activités et les services qu'ils rendent, il faut les fuir.

Quatrième principe : Rendre service sans s'attendre à de la gratitude, de la reconnaissance ou un service en retour

Ne jamais laisser passer une occasion de rendre service à qui que ce soit, proches, pas proches, humains, animaux, végétaux ; à la terre, à des valeurs, à des monuments ; à la raison. Ne pas attendre pour autant de la gratitude et de la considération. Moins encore en attendre de la soumission ou un service en retour. Les neurosciences nous apprennent d'ailleurs qu'on tire autant de plaisir à rendre service qu'à en bénéficier. Par exemple, on tire le même genre de plaisir en protégeant la nature qu'en bénéficiant des services d'un ami.

Il faut apprendre à découvrir ce plaisir de rendre service, sans attendre de recevoir en retour de la gratitude ou de la considération ou un service, ou une soumission ; pour le seul plaisir de le faire, pour bénéficier du privilège d'être utile.

De plus, ne pas attendre de gratitude ou de considération, c'est éviter tout risque de désillusion.

Naturellement, avec les mêmes limites que dans la posture inverse : ne pas fournir des biens et services de l'économie de la mort et ne pas en faire un instrument de domination.

Cinquième principe : Lorsque l'avenir est en jeu, on peut aller jusqu'à faire preuve d'ingratitude tout en restant reconnaissant

Ne plus faire preuve de gratitude peut s'imposer pour mille raisons : quand l'autre a cessé de mériter de la gratitude ; quand c'est nécessaire pour échapper à une dépendance ; quand on doit échapper à un cadre de pensée qui fut utile et qui est dépassé par les exigences de la science ou de la création.

On doit alors continuer à être reconnaissant pour le passé sans plus se sentir tenu à protéger ou à obéir, ou à rester dans un cadre en retour. Pour vivre, pour être libre, l'ingratitude est parfois une nécessité absolue.

Une anecdote biblique peu connue nous dit beaucoup là-dessus : selon le Talmud, au moment de provoquer les dix plaies d'Égypte, Moïse aurait refusé d'obéir à Dieu qui lui enjoignait de frapper sur les eaux du Nil avec son bâton, parce que le fleuve l'avait sauvé de la mort juste après sa naissance, et c'est son frère Aaron qui le fit à sa place ; de même, c'est Aaron qui frappa le sol de l'Égypte pour la punir de son ingratitude envers les Juifs qui y avaient tant travaillé et qui déclencha le grand mouvement libérateur du peuple esclave. Moïse était tenu par son passé à être reconnaissant. Aaron ne l'était pas et pouvait transgresser le passé pour organiser l'avenir.

Cette parabole rappelle qu'on peut faire preuve d'ingratitude tout en ayant fait preuve de reconnaissance ; c'est-à-dire qu'on peut, qu'on doit, expliquer à celui ou à celle, ou ceux, dont on s'éloigne qu'on a une reconnaissance infinie pour ce qu'on a partagé avec lui ou elle ou eux dans le passé, mais que cette reconnaissance ne peut constituer un lien. De même quand on s'éloigne d'une religion, d'une théorie scientifique ou d'une source d'inspiration artistique.

Ne plus faire preuve de gratitude, accepter d'être considéré comme ingrat est alors la condition du progrès, de l'indépendance, de la liberté, de la loyauté envers soi-même et envers les autres. Aucun amour ne doit se fonder sur la gratitude. Aucune école de pensée ne doit retenir un disciple par gratitude pour un maître.

C'est ce que je nomme « l'ingratitude reconnaissante ». Elle est la manifestation du droit à la dissidence, à l'indiscipline, à la maturité, à l'autonomie, à la remise en question, à la transgression, à la liberté, au dépassement. Un jeune adulte peut se trouver ainsi parfois obligé de faire preuve d'ingratitude à l'égard de ses parents, sans remettre en question la considération et l'agir en retour qui leur sont dus.

Un savant peut remettre en cause la théorie de ses maîtres sans oublier ce qu'il leur doit.

On doit d'autant plus agir en retour pour quelqu'un pour qui on a eu beaucoup de gratitude, qu'il n'est plus en situation d'imposer une soumission.

Pour une communauté, faire preuve d'ingratitude pour des valeurs dépassées ou pour des alliés méconnaissables peut être la condition de la survie. Pour un couple cela veut dire se séparer, en reconnaissant le devoir de continuer à protéger l'autre.

Pour qui que ce soit, l'ingratitude reconnaissante est la condition du devenir-soi. Elle suppose d'être capable de dire « merci » et de passer à autre chose.

Cela commence par apprendre à dire « non ». Les yeux dans les yeux ou en fuyant.

Vivre libre suppose souvent un arrachement, et c'est très bien ainsi.

Vivre libre suppose de ne jamais oublier ce que l'on doit à ceux qui nous ont portés jusque là.

Vous pouvez maintenant reprendre le questionnaire du début de ce livre (pages 35 et 36), et constater les changements dans vos réponses. Ils vous bouleverseront. Et vous feront avancer.

J'espère qu'on me sera reconnaissant au moins pour ce conseil : soyez toujours reconnaissant, soyez parfois ingrat !

Bibliographie*

Abgrall, M., « Rousseau et la Nature, » Institut Rousseau, 2 août 2020.

Algoe, S. B., « Find, remind, and bind : The functions of gratitude in everyday relationships », *Social and Personality Psychology Compass*, vol. 6, n° 6, 2012, p. 455-469.

— Haidt, J., et Gable, S. L., « Beyond reciprocity : Gratitude and relationships in everyday life », *Emotion*, vol. 8, n° 3, 2008, p. 425-429.

Aristote, *Éthique à Nicomaque*.

Ashley Cooper, A. – Third Earl of Shaftesbury, « An Enquiry Concerning Virtue, or Merit », *Characteristicks of Men, Manners, Opinions, Times*, Indianapolis, Liberty Fund, vol. 2, 2001.

Saint Augustin, *La Cité de Dieu*, Gallimard, « La Bibliothèque de la Pléiade », 2000.

— *The City of God*, Marcus Dods (trad.), New York, Modern Library, 1950.

* Cette bibliographie a été mise au point avec l'aide de Marie Le Rolland.

Battle, M., *Reconciliation : the Ubuntu Theology of Desmond Tutu*, Pilgrim Press, Cleveland, Ohio, 1997.

Baumgarten-Tramer, F., « "Gratefulness" in children and young people », *The Pedagogical Seminary and Journal of Genetic Psychology*, vol. 53, n° 1, 1938, p. 53-66.

Bedin, V., et Fournier, M., « Les philosophes de la reconnaissance », *La Reconnaissance*, Éditions Sciences humaines, 2013, p. 7-11.

La Bhagavad Gîtâ, trad. et commentaires Anne-Marie Esnoul et Olivier Lacombe, Seuil, 1976.

Boulukos, G., *The Grateful Slave : The Emergence of Race in Eighteenth-Century British and American Culture*, Cambridge, Cambridge University Press, 2008.

Brochard, V., *Études de philosophie ancienne et de philosophie moderne*, Librairie Félix Alcan – maisons Félix Alcan et Guillaumin réunies, 1912.

Brown, P., *Through the Eye of a Needle : Wealth, the Fall of Rome, and the Making of Christianity in the West, 350-550 AD*, Princeton, Princeton University Press, 2012.

Bujanda-Viloria, S., « Régicide, parricide et théicide », *Camenulae* n° 16, décembre 2017.

Burnett, T., *The History of Ingratitude, or a Second Part of Ancient Precedents for Modern Facts : In Answer to a Letter From a Noble Lord*, (1712), Forgotten Books (Classic Reprint), 2020.

Butler, J., « The Analogy of Religion », *The Works of Joseph Butler*, W.E. Gladstone (ed.), Oxford, Clarendon Press, vol. 1, 1896.

— « Upon Human Nature », *The Works of Joseph Butler*, W.E. Gladstone (ed.), Oxford, Clarendon Press, vol. 2, 1896.
— « Upon the Forgiveness of Injuries », *The Works of Joseph Butler*, vol. 2.
Calhoun, C., *Moral Aims : Essays on the Importance of Getting It Right and Practicing Morality with Others*, New York, Oxford University Press, 2016.
— *Feminism, the Family, and the Politics of the Closet. Lesbian and Gay Displacement*, Oxford University Press, 2000.
Callicott, J. B., « The Land Ethic – L'éthique de la Terre », in Dominique de Courcelles (dir.), *Goûter la Terre*, Publications de l'École nationale des chartes, 2016, p. 233-240.
Camenisch, P. F., « Gift and Gratitude in Ethics », *The Journal of Religious Ethics*, vol. 9, n° 1, 1981, p. 1-34.
Card, C., « Gratitude and obligation », *American Philosophical Quarterly*, vol. 25, n° 2, 1988, p. 115-127.
— « Gratitude to the Decent Rescuer », in David Carr (ed.), *Perspectives on Gratitude : An Interdisciplinary Approach*, London, Routledge, 2016.
— *The Unnatural Lottery : Character and Moral Luck*, Philadelphia, Temple University Press, 1996.
Carmichael, G., « Philosophical Theses, 1707 », in James Moore, and Michael Silverthorne (ed.), *Natural Rights on the Threshold of the Scottish Enlightenment : The Writings of Gershom Carmichael*, Indianapolis, Liberty Fund, 2002, p. 355-376.

— « Supplements and Observations upon the Two Books of Samuel Pufendorf's on the Duty of Man », in *Natural Rights on the Threshold of the Scottish Enlightenment : The Writings of Gershom Carmichael*, p. 3-217.

Carr, D., « Varieties of gratitude », *The Journal of Value Inquiry*, vol. 47, nº 1-2, 2013, p. 17-28.

— « Is Gratitude a Moral Virtue ? », *Philosophical Studies : An International Journal for Philosophy in the Analytic Tradition*, vol. 172, nº 6, 2015, p. 1475-1484.

— Morgan, B., & Gulliford, L., « Learning and teaching virtuous gratitude », *Oxford Review of Education*, vol. 41, nº 6, 2015, p. 766-781.

— (ed.), *Perspectives on Gratitude : An interdisciplinary approach*, Routledge, 2016.

— Harrison, T., « Teaching gratitude through literature », in J. R. H. Tudge & L. B. L. Freitas (ed.), *Developing gratitude in children and adolescents*, Cambridge, UK, Cambridge University Press, 2018, p. 262-282.

Cervantès, *Don Quichotte*, (t. 1 et 2), Le Livre de Poche, 2010.

Chen, Y., Okereke O. I., Kim E. S., Tiemeier H., Kubzansky L. D., VanderWeele T. J., « Gratitude and Mortality Among Older US Female Nurses », *JAMA Psychiatry*, vol. 81, nº 10, 2024, p. 1030-1038.

Cheng, A., « Zhuangzi à l'écoute du Dao », *Histoire de la pensée chinoise*, Paris, Seuil, 1997, p. 113-142.

The Orations of Marcus Tullius Cicero, Yonge, C. D. (trad.), London, George Bell & Sons, 1891.
Cicéron, « Plaidoyer pour Plancius », *Œuvres complètes,* J. J. Dubochet, 1948.
Claydon, T., « Gilbert Burnet : An Ecclesiastical Historian and the Invention of the English Restoration Era », *Studies in Church History.* 2013, p. 181-191.
Cope, E. M., *The Rhetoric of Aristotle, with a commentary,* J. E. Sandys (ed.), Cambridge, Cambridge University Press, 1877.
Corbic, A., *Dietrich Bonhoeffer. Résistant et prophète d'un christianisme non religieux,* Albin Michel, 2002.
Cureton, A., & Hill, T. E., « Kant on virtue and the virtues », in N. E. Snow (ed.), *Cultivating virtue : Perspectives from philosophy, theology, and psychology,* Oxford, Oxford University Press, 2015, p. 87-109.
D'Cruz, J. R., « Displacement and gratitude : accounting for the political obligation of refugees », *Ethics & Global Politics,* vol. 7, n° 1, 2014, p. 1-17.
Descartes, R., *Discours de la méthode,* 6e partie, in *Œuvres et lettres,* Gallimard, « Bibliothèque de la Pléiade », 1937.
Du Bois, W. E. B., « The Black Man and Albert Schweitzer », *The Albert Schweitzer Jubilee Book,* Cambridge, Sci-Art Publishers, 1945.
Dunlap, R. « The Ethical Implications of Enlightenment in Dōgen's Philosophy of Compassion », in Kido Atsushi, Noe Keiichi, Lam Wing Keung

(ed.), *Tetsugaku Companion to Feeling*, Tetsugaku Companions to Japanese Philosophy, vol. 6, Springer, Cham., 2024.

Dunn, E. C., *The Concept of Ingratitude in Renaissance English Moral Philosophy*, Washington DC, Catholic University of America Press, 1946.

Duretz, M., « Tous des ingrats ! », *Le Monde*, 8 décembre 2016.

Ehrenreich, B., « The Selfish Side of Gratitude », *The New York Times*, 2016.

Emerson, R. W., *La Nature* (1836), Gallimard, trad. Xavier Eyma, 2023.

Emmons, R. A., & Crumpler, C. A., « Gratitude as a Human Strength : Appraising the Evidence », *Journal of Social and Clinical Psychology*, vol. 19, nº 1, 2000, p. 56-69.

— Hill, J., *Words of Gratitude : For Mind, Body, and Soul*, Philadelphia, Templeton Foundation Press, 2001.

— McCullough, M. E. « Counting Blessings Versus Burdens : An Experimental Investigation of Gratitude and Subjective Well-Being in Daily Life », *Journal of Personality and Social Psychology*, vol. 84, nº 2, 2003, p. 377-389.

— « The psychology of gratitude : An introduction », in Robert A. Emmons & Michael E. McCullough (ed.), *The Psychology of Gratitude*, Series in Affective Science, New York, Oxford University Press, 2004, p. 3-16.

— McNamara, P., « Sacred Emotions and Affective Neuroscience : Gratitude, Costly Signaling, and the Brain », in Patrick McNamara (ed.), *Where*

God and Science Meet : How Brain and Evolutionary Studies Alter our Understanding of Religion, Westport, CT, Praeger, 2006, p. 11-30.

— *Thanks ! How the New Science of Gratitude Can Make you Happier*, New York, Houghton-Mifflin, 2007.

— *Gratitude works ! A 21-Day Program for Creating Emotional Prosperity*, San Francisco, Jossey-Bass, 2013.

— « Tweeting Blessings : Using Social Media to Communicate Gratitude », The Annual Convention of the American Psychological Association, Washington DC, 2014.

— « Is gratitude queen of the virtues and ingratitude king of the vices ? », in David Carr (ed.), *Perspectives on Gratitude : An interdisciplinary approach*, Routledge, 2016.

Finkielkraut, A., et Robitaille, A., *L'Ingratitude : Conversation sur notre temps*, Gallimard, 1999.

Fitzgerald, P., « Gratitude and Justice », *Ethics*, vol. 109, n° 1, octobre 1998, p. 119-153.

Fredrickson B. L., *Love 2.0 : Creating Happiness and Health in Moment of Connection*, New York, Hudson Street Press, 2013.

Froh, J. J., Sefick, W. J., Emmons, R. A., « Counting Blessings in Early Adolescents : An Experimental Study of Gratitude and Subjective Well-Being », *Journal of School Psychology*, vol. 46, n° 2, 2008, p. 213-233.

Galloway, A., « The Making of a Social Ethic in Late-Medieval England : From *Gratitudo* to

"Kyndeness" », *Journal of the History of Ideas*, vol. 55, n° 3, 1994, p. 365-383.

Garfield, J. L., « Nāgārjuna's Theory of Causality : Implications Sacred and Profane », *Philosophy East and West*, vol. 51, n° 4, 2001, p. 507-524.

Genovese, E. D., *Roll, Jordan, Roll : The World the Slaves Made*, New York, Random House, 1974.

Gordon, A. M., Impett, E. A., Kogan, A., Oveis, C., & Keltner, D., « To have and to hold : Gratitude promotes relationship maintenance in intimate bonds », *Journal of Personality and Social Psychology*, vol. 103, n° 2, 2012, p. 257-274.

Gouldner, A.W., « The Norm of Reciprocity : A Preliminary Statement », *American Sociological Review*, vol. 25, n° 2, 1960, p. 161-178.

Gulliford, L., Morgan, B., & Kristjánsson, K., « Recent work on the concept of gratitude in philosophy and psychology », *The Journal of Value Inquiry*, vol. 47, n° 3, 2013, p. 285-317.

Haidt, J., Rozin, P., McCauley, C., & Imada, S., « Body, Psyche, and Culture : The Relationship of Disgust to Morality », *Psychology and Developing Societies*, vol. 9, n° 1, 1997, p. 107-131.

Hans, J., *Le Principe responsabilité : Une éthique pour la civilisation technologique* (1979), trad. Jean Greisch, Éditions du Cerf, 1990.

Harpham, E. J., « Gratitude in the History of Ideas », in Robert A. Emmons, and Michael E. McCullough (ed.), *The Psychology of Gratitude*, Series in Affective Science, New York, Oxford University Press, 2004, p. 19-36.

Hay, L. L., *Gratitude : A Way of Life*, London, Hay House, 1996.

Heilbrunn, B., « Quand la philosophie antique aide à décrypter nos façons de consommer », *The Conversation*, 8 février 2017.

Hewitt, J. W., « Some Aspects of the Treatment of Ingratitude in Greek and English Literature », *Transactions and Proceedings of the American Philological Association*, vol. 48, 1917, p. 37-48.

Hobbes, T., *Leviathan* (1651), R. Tuck (ed.), Cambridge, Cambridge University Press, 1991.

Hume, D., *A Treatise of Human Nature*, David Fate Norton and Mary J. Norton (ed.), Oxford, Clarendon Press, vol. 1, 2007.

— « Of the Original Contract », *Essays Moral, Political, and Literary*, Eugene F. Miller (ed.), Indianapolis, Liberty Fund, 1987.

Hutcheson, F., *Philosophiae Moralis Institutio Compendiaria with a Short Introduction to Moral Philosophy*, Luigi Turco (ed.), Indianapolis, Liberty Fund Press, 2007.

James, W., *The Principles of Psychology*, (1890), vol. 2, Cambridge, MA/London, Harvard University Press, 1981, p. 1065.

Kant, I., *Lectures on Ethics*, Peter Heath and J. B. Schneewind (ed.), trad. Peter Heath, Cambridge, Cambridge University Press, 1997.

— « Idea for a Universal History with a Cosmopolitan Aim », in Immanuel Kant, *Anthropology, History, and Education*, Günter Zöller and Robert B. Louden (ed.), trad. Allen W. Wood, Cambridge, Cambridge University Press, 2007.

— *The Metaphysics of Morals, Practical Philosophy*, Mary J. Gregor (ed., trad.) (1996), Cambridge, Cambridge University Press, 2005.

Kern, M., « Early Chinese Literature, Beginnings through Western Han », in Kang-i Sun Chang et Stephen Owen (dir.), *The Cambridge History of Chinese Literature, Volume 1 : to 1375*, Cambridge, Cambridge University Press, 2010.

Khalil, A., « On Cultivating Gratitude (*Shukr*) in Sufi Virtue Ethics », *Journal of Sufi Studies*, vol. 4, n° 1-2, 2015, p. 1-26.

Klein, N., *Tout peut changer*, Actes Sud, 2015.

Klosko, G., « Political Obligation and Gratitude », *Philosophy & Public Affairs*, vol. 18, n° 4, 1989, p. 352-358.

Konstan, D., « The Freedom to Feel Grateful : The View from Classical Antiquity », in D. Carr (ed.), *Perspectives on gratitude : An interdisciplinary approach*, London, UK, Routledge, 2016, p. 41-53.

Kramer, C. A., « Of Mollusks and Men : Good and Evil in Plato's Philebus », Rock Valley College Philosophy Club, 2010.

Kristjánsson, K., *Virtues and vices in positive psychology : A Philosophical Critique*, Cambridge, UK, Cambridge University Press, 2013.

— « An Aristotelian virtue of gratitude », *Topoi*, 34, Octobre 2013, p. 499-511.

Landi, S., « Penser l'opinion publique à la Renaissance : Machiavel, le peuple et la doxa », *Mélanges de l'École française de Rome. Italie et Méditerranée*, t. 118, n° 1, 2006, p. 121-140.

Leithart, P. J., « City of In-Gratia : Roman Ingratitude in Shakespeare's Coriolanus », *Literature and Theology*, vol. 20, nº 4, 2006, p. 341-360.

— *Gratitude : an Intellectual History*, Waco, TX, Baylor University Press, 2014.

Leopold, A., *L'Éthique de la terre. Suivi de Penser comme une montagne* (1949), Payot Rivages, 2019.

Loomis, R. S., « A Phantom Tale of Female Ingratitude », *Modern Philology*, vol. 14, nº 12, 1917, p. 751-755.

Machiavel, *Œuvres complètes*, Gallimard, « Bibliothèque de la Pléiade », 1952.

MacIntyre, A., *Dependent Rational Animals : Why Human Beings Need the Virtues*, Chicago, IL, Open Court Publishing, 1999.

Mair, V. H., *Wandering on the Way : Early Taoist Tales and Parables of Chuang Tzu*, New York, Bantam Books, 1994.

Manela, T., « Obligations of Gratitude and Correlative Rights », in M. Timmons (ed.), *Oxford Studies in Normative Ethics* (vol. 5), Oxford, Oxford University Press, 2015, p. 151-170.

— « Gratitude and Appreciation », *American Philosophical Quarterly*, vol. 49, nº 1, p. 55-66, 2016.

— « Negative Feelings of Gratitude », *Journal of Value Inquiry*, vol. 50, nº 1, 2016, p. 129-140.

— « Gratitude to Nature », *Environmental Values*, vol. 27, nº 6, 2018, p. 623-644.

— « The Virtue of Gratitude and its Associated Vices », in R. Roberts et D. Telech (ed.), *The Moral Psychology of Gratitude*, New York, Rowman & Littlefield, 2019, p. 296-316.

— « Gratitude », *The Stanford Encyclopedia of Philosophy* (Winter 2021 Edition), Edward N. Zalta (ed.), 2021.

Martin, M. W., « Good Fortune Obligates : Gratitude, Philanthropy, and Colonialism », *Southern Journal of Philosophy*, vol. 37, n° 1, 1999, p. 57-75.

McAleer, S., « Propositional gratitude », *American Philosophical Quarterly*, vol. 49, n° 1, 2012, p. 55-66.

McConnell, T., *Gratitude*, Philadelphia, Temple University Press, 1993.

— « Gratitude's value », in David Carr (ed.), *Perspectives on Gratitude : An Interdisciplinary Approach*, London, Routledge, 2016, p. 27-40.

— « Gratitude, Rights, and Moral Standouts », *Ethical Theory and Moral Practice*, vol. 20, n° 2, 2017, p. 279–293.

McCraty, R., & Childre, D., « The Grateful Heart : The Psychophysiology of Appreciation », in Robert A. Emmons & Michael E. McCullough (ed.), *The Psychology of Gratitude*, Series in Affective Science, New York, Oxford University Press, 2004, p. 230-255.

McCullough, M. E., Kimeldorf, M. B., & Cohen, A. D., « An Adaptation for Altruism : The Social Causes, Social Effects, and Social Evolution of Gratitude », *Current Directions in Psychological Science*, vol. 17, n° 4, 2008, p. 281-285.

McGarrity, L., « Mādhyamikas on the Moral Benefits of a Self : Buddhist Ethics and Personhood », *Philosophy East and West*, vol. 65, n° 4, 2015, p. 1082-1118.

McKinley, C. E., Walters, K. (Choctaw Nation of Oklahoma), « "It's Always About Sharing, and Caring, and Loving, and Giving", Decolonized and Transcendent Indigenist Foodways Fostering Health and Resilience », *Advers Resil Sci*, vol. 4, n° 1, 2023, p. 89-103.

Mitchell, M. T., *The Politics of Gratitude: Scale, Place, and Community in a Global Age*, Washington DC, Potomac Books, 2012.

Monla, M., « Gratitude/Ingratitude, un objet de réflexion pour le monde de l'entreprise ? », *Gérer et comprendre*, n° 93, septembre 2008.

Monmont, A., *Le Parricide, un crime particulier étudié à la lumière du cas Pierre Rivière*, Droit, Éditions Dumas CNRS, 2021.

Motto, A. L., et Clark. J. R., « Seneca on the *vir ingratus* », *Acta Classica*, vol. 37, 1994, p. 41-48.

Mugumbate, J. R., Mupedziswa, R., Twikirize, J. M., Mthethwa, E., Desta, A. A., & Oyinlola, O., « Understanding Ubuntu and its contribution to social work education in Africa and other regions of the world », *Social Work Education*, vol. 43, n° 4, 2023, p. 1123-1139.

Navarro, J. L., et Tudge, J., « What Is Gratitude ? Ingratitude Provides the Answer », *Human Development*, vol. 64, n° 2, 2020, p. 83-96.

Neumeyer, P. F., « Ingratitude Is Monstrous : An Approach to Coriolanus », *College English*, vol. 26, n° 3, 1964, p. 192-98.

Nietzsche, F., *Par-delà le bien et le mal*, Leipzig, 1886.

— *Ecce Homo*, trad. Walter Kaufmann, in *On the Genealogy of Morals and Ecce Homo*, New York, Random House, 1967.
— *The Gay Science*, trad. Walter Kaufmann, New York, Random House, 1974.
— *On the genealogy of morals*, trad. W. Kaufmann and R.J. Hollingdale, New York, Vintage, 1989.
Nofal, M. N., « Al-Ghazali (1058-1111) : sa vie, sa pensée philosophique et religieuse », *Les Cahiers de l'Islam*, 13 janvier 2014.
O'Neil, C., « Lying, Trust, and Gratitude », *Philosophy & Public Affairs*, vol. 40, n° 4, 2012, p. 301-333.
Owens, D., *Shaping the Normative Landscape*, Oxford, Oxford University Press, 2012.
Pellegrin, M.-F., « Descartes : "Se rendre comme maîtres et possesseurs de la nature" » France Culture, « Les chemins de la philosophie », 14 avril 2021.
Piaget, J., *The Moral Judgement of the Child*, New York, NY, Harcourt Brace, 1932.
— *Intelligence and affectivity : Their relationship during child development* (1954), Annual Reviews, Washington DC, American Psychological Association, 1981.
Platon (trad. Luc Brisson, Jean-François Pradeau), « Philèbe », dans *Œuvres complètes*, Flammarion, 2008.
Prinz, J. J., *Gut Reactions : A Perceptual Theory of Emotion*, New York, Oxford University Press, 2004, p. 68, 77-78.

Pufendorf, S., *The Whole Duty of Man, According to the Law of Nature*, Ian Hunter and David Saunders (ed.), Indianapolis, Liberty Fund, 2003.

Rapp, C. (trad., ed.), *Aristoteles Rhetorik*, Berlin, Akademie Verlag, 2002.

Reinstein, D., « The economics of the gift », in Filippo Carlà et Maja Gori (ed.), *Gift Gving and the "Embedded" Economy. in the Ancient World*, Heidelberg, Universitätsverlag Winter, 2014, p. 85-101.

Rhees, R., « Gratitude and Ingratitude for Existence », *Rush Rhees on Religion and Philosophy*, Cambridge University Press, 1997, p. 159-165.

Residori, M., « Sur l'ingratitude dans le *Roland furieux* », *Il Furioso del 1516 tra rottura e continuità*, 17, Presses universitaires du Midi, 2018, p. 157-182.

— « Dire l'ingratitude à la Renaissance : la poésie de Machiavel entre morale et réalisme », in Barbara Carnevali, Emiliano Cavaliere et Katie Ebner-Landy (dir.), *En deçà du bien et du mal : Morales de la littérature de la Renaissance à l'âge contemporain*, Éditions Hermann, 2024.

Roberts, R. C., « Virtues and rules », *Philosophy and Phenomenological Research*, vol. 51, n° 2, 1991, p. 325-343.

Rousseau, J.-J., *Œuvres complètes*, Gallimard, « Bibliothèque de la Pléiade », 1933.

— *The Confessions and Correspondence, Including the Letters to Malesherbes*, Christopher Kelly (trad.), Kelly, Roger D. Masters, and Peter G. Stillman

(ed.), Hanover, and London, University Press of New England, 1995.
— *Rousseau Judge of Jean-Jacques : Dialogues*, Judith R. Bush, Christopher Kelly, and Roger D. Masters (trad.), Masters and Kelly (ed.), Hanover and London, University Press of New England, 1990.
— *The Reveries of the Solitary Walker, Botanical Writings, and Letter to Franquières*, Charles E. Butterworth, Alexandra Cook, and Terence E. Marshall (trad.), Christopher Kelly (ed.), Hanover and London, University Press of New England, 2000.
— *Discourse on the Origins of Inequality (Second Discourse), Polemics, and Political Economy*, Judith R. Bush, Roger D. Masters, Christopher Kelly, and Terence Marshall (trad.), Masters and Kelly (ed.), Hanover and London, University Press of New England, 1992.
— *Social Contract, Discourse on the Virtue Most Necessary for a Hero, Political Fragments, and Geneva Manuscript*, Judith R. Bush, Roger D. Masters, and Christopher Kelly (trad.), Masters and Kelly (ed.), Hanover and London, University Press of New England, 1994.
« Penser la nature avec Rousseau », France Culture, 8 juin 2022.
Rushdy, A. H. A., *Philosophies of Gratitude*, New York, Oxford Academic, 2020.
Saada, J., « Les lois naturelles ou la rationalité juridique hobbesienne », *Hobbes et le sujet de droit*, CNRS Éditions, 2010.
Scott, W. O., « Risk, Distrust, and Ingratitude in Shakespeare's *Troilus and Cressida* », *Studies in*

English Literature, 1500-1900, vol. 52, n° 2, 2012, p. 345-562.

Seligman, M. E., Steen, T. A., Park, N., & Peterson, C., Positive psychological progress : Empirical validation of interventions. *American Psychologist*, vol. 60, n° 5, 2005, p. 410-421.

Sénèque, *Œuvres complètes*, t. I, Joseph Baillard (trad.), Hachette, 1914.

— *Des bienfaits, De beneficiis*, Livre I., 1-9, (1926), François Préchac (trad.), Les Belles Lettres, 2003.

Simmel, G., « Faithfulness and gratitude » (1908), in Aafke E. Komter (ed.), *The Gift : An Interdisciplinary Perspective*, Amsterdam University Press, 1996, p. 39-48.

Simmons, A. J., *Moral Principles and Political Obligations*, Princeton, Princeton University Press, 1979.

Smilansky, S., « Should I Be Grateful to You for Not Harming Me ? », *Philosophy and Phenomenological Research*, vol. 57, n° 3, septembre 1997, p. 585-597.

Smith, A., *The Theory of Moral Sentiments* (1759), D. D. Raphael & A.L. Macfie (ed.), Oxford, Clarendon Press, 1976.

— *The Theory of Moral Sentiments*, D. D. Raphael & A. L. Macfie (ed.), Indianapolis, Liberty Funds, 1984.

— *An Inquiry into the Nature and Causes of the Wealth of Nations* (1776), R. H. Campbell & A. S. Skinner (ed.), Indianapolis, Liberty Classics, 1981.

Smit, H. et Timmons, M., « The Moral Significance of Gratitude in Kant's Ethics », *The Southern Journal of Philosophy*, vol. 49, n° 4, 2011, p. 295-320.

Solomon, R. C., *Spirituality for the Skeptic : The Thoughtful Love of Life*, New York, Oxford University Press, 2002.

— « Foreword », in Robert A. Emmons & Michael E. McCullough (ed.), *The Psychology of Gratitude*, Series in Affective Science, New York, Oxford University Press, 2004.

— *True to Our Feelings : What Our Emotions Are Really Telling Us*, New York, Oxford University Press, 2007.

Spinoza, B., *Éthique*, 1677.

Stewart-Robertson, C., « The Rhythms of Gratitude : Historical Developments and Philosophical Concerns », *Australasian Journal of Philosophy*, vol. 68, n° 2, juin 1990, p. 189-205.

Stobaeus, J., *Anthology*, in Brad Inwood and L.P. Gerson (ed.), *Hellenistic Philosophy : Introductory Readings*, Indianapolis, Hackett Publishing Company, 1997.

Swift, J., *Gulliver's Travels, The Essential Writings of Jonathan Swift*, Claude Rawson and Ian Higgins (ed.), New York, W.W. Norton, 2010.

Thilly, F., « Review of Beyond Good and Evil. Prelude to a Philosophy of the Future, by F. Nietzsche & H. Zimmern », *The Journal of Philosophy, Psychology and Scientific Methods*, vol. 5, n° 3, 1908, p. 75-78.

Thomas, Y., *La Mort du père. Sur le crime de parricide à Rome*, Albin Michel, 2017.

Thoreau, H. D., *Walden ou la vie dans les bois* (1854), Louis Fabulet (trad.), Gallimard, 1990.

Thurman, R. A. F., *Life and Teachings of Tsong Khapa*, Library of Tibetan Works, and Archives, 2006.

Tola, F., & Dragonetti, C., « Nāgārjuna's catustava », *Journal of Indian Philosophy*, vol. 13, n° 1, 1985, p. 1-54.

Trimaille, G., « La sanction des parricides du droit romain au Code pénal napoléonien », *Droit et cultures*, vol. 63, 2012, p. 203-211.

Tronto, J. C., *Politics and gratitude : Revisiting Hobbes's « social virtues »*, Annual meeting of the American Political Science Association, Atlanta, septembre 1999.

Vaynerchuk, G., *The Thank You Economy*, Harper Business, 2011.

Walker, A. D. M., « Political Obligation and Argument from Gratitude », *Philosophy and Public Affairs*, vol. 17, n° 3, 1988, p. 191–211.

Wall Kimmerer, R., *Tresser les herbes sacrées : sagesse ancestrale, science et enseignement des plantes*, Le Lotus et l'Éléphant, 2021.

Watkins, P. C., Woodward, K., Stone, T., & Kolts, R. L., « Gratitude and Happiness : Development of a Measure of Gratitude, and Relationships with Subjective Wellbeing », *Social Behavior and Personality*, vol. 31, n° 5, 2003, p. 431-452.

— Grimm, D. L., & Kolts, R., « Counting your blessings : Positive memories among grateful persons », *Current Psychology*, New Brunswick, vol. 23, n° 1, 2004, p. 52-67.

— *Gratitude and the Good Life : Toward a Psychology of Appreciation*, New York/Berlin, Springer, 2014.

Weber, M., *Sociologie des religions*, Jean-Pierre Grossein (trad., introduction), Gallimard, 1996.

— *Le Savant et le Politique*, préface, traduction et notes de Catherine Colliot-Thélène (préf., trad. et notes), Éditions La Découverte, 2003.

Weiss, J., « La démagification du monde, la science moderne et l'avenir de la religion », *Travailler avec Max Weber*, Jean-Pierre Grossein et Béatrice Hibou (ed.), Éditions de la Maison des sciences de l'homme, 2022.

Wellman, C. H., « Gratitude and Political Obligation », *APA Newsletter on Philosophy and Law*, Fall 1999, p. 71-77.

Winter, B. W., « The public honoring of Christian benefactors : Romans 13.3-4 and Peter 1.14-15 », *Journal for the Study of the New Testament*, vol. 34, 1988, p. 87-103.

Wong, Y. J., Owen, J., Gabana, N. T., Brown, J. W., McInnis, S., Toth, P., & Gilman, L., « Does gratitude writing improve the mental health of psychotherapy clients ? Evidence from a randomized controlled trial », *Psychotherapy Research*, vol. 28, n° 2, 2018, p. 192-202.

Wood, A. M., Maltby, J., Stewart, N., Linley, P. A., & Joseph, S., « A social-cognitive model of trait and state levels of gratitude », *Emotion*, vol. 8, n° 2, 2008, p. 281-290.

—, Maltby, J., Gillett, R., Linley, P. A., & Joseph, S., « The role of gratitude in the development of social support, stress, and depression : Two longitudinal studies », *Journal of Research in Personality*, vol. 43, n° 4, 2008, p. 854-871.

— Joseph S., Lloyd J., Atkins S., « Gratitude Influences Sleep Through the Mechanism of Pre-Sleep Cognitions », *Journal of Psychosomatic Research*, vol. 66, n° 1, janvier 2009, p. 43-48.

— Froh, J. J., & Geraghty, A. W. A. « Gratitude and well-being : A review and theoretical integration », *Clinical Psychology Review*, vol. 30, n° 7, 2010, p. 890-905.

Worster, D., *Les Pionniers de l'écologie : Une histoire des idées écologiques*, Sang de la terre, coll. « La pensée écologique », 1992.

Zahn, R., Garrido, G., Moll, J., & Grafman, J., « Individual differences in posterior cortical volume correlate with proneness to pride and gratitude », *Social Cognitive and Affective Neuroscience*, vol. 9, n° 11, 2014, p. 1676-1683.

— Moll, J., Paiva, M., Garrido, G., Krueger, F., Huey, E. D., & Grafman, J., « The Neural Basis of Human Social Values : Evidence from functional MRI », *Cerebral Cortex*, vol. 19, n° 2, 2009, p. 276-283.

https://www.mayoclinichealthsystem.org/wellness/gratitude

Du même auteur

Essais

Modèles politiques, PUF, 1972.
Analyse économique de la vie politique, PUF, 1973, 2015.
L'Anti-économique (avec Marc Guillaume), PUF, 1975, 2015.
La Parole et l'Outil, PUF, 1976.
Bruits. Économie politique de la musique, PUF, 1977 ; Fayard, 2000.
La Nouvelle Économie française, Flammarion, 1978.
L'Ordre cannibale. Histoire de la médecine, Grasset, 1979.
Les Trois Mondes, Fayard, 1981.
Histoires du temps, Fayard, 1982.
La Figure de Fraser, Fayard, 1984.
Un homme d'influence, Fayard, 1985.
Au propre et au figuré. Histoire de la propriété, Fayard, 1988.
Lignes d'horizon, Fayard, 1990 ; Le Livre de poche, 2004.
1492, Fayard, 1991 ; Le Livre de poche, 2004.
Économie de l'Apocalypse, Fayard, 1994.
Chemins de sagesse. Traité du labyrinthe, Fayard, 1996 ; Le Livre de poche, 1998.
Fraternités. Une nouvelle utopie, Fayard, 1999 ; Le Livre de poche, 2002.
La Voie humaine, Fayard, 2000 ; Le Livre de poche, 2006.

Les Juifs, le Monde et l'Argent, Fayard, 2002 ; Le Livre de poche, 2007.

L'Homme nomade, Fayard, 2003.

Raison et Foi. Averroès, Maïmonide, Thomas d'Aquin, Bibliothèque nationale de France, 2004.

Une brève histoire de l'avenir, Fayard, 2006, 2009, 2015 ; Le Livre de poche, 2010, 2011.

L'Avenir du travail, avec P. Cahuc, F. Chérèque et J.-C. Javillier, Fayard, 2007.

La Crise, et après ?, Fayard, 2008 ; Le Livre de poche, 2009.

Le Sens des choses, avec Stéphanie Bonvicini et 32 auteurs, Robert Laffont, 2009 ; Le Livre de poche, 2010.

Survivre aux crises, Fayard, 2009 ; rééd. sous le titre *Sept Leçons de vie*, Le Livre de poche, 2010.

Tous ruinés dans dix ans ?, Fayard, 2010 ; Le Livre de poche, 2011.

Demain, qui gouvernera le monde ?, Fayard, 2011 ; Pluriel, 2012.

Candidats, répondez ! Précis à l'usage des électeurs, Fayard, 2012.

La Consolation, avec Stéphanie Bonvicini et 18 auteurs, Naïve, 2012.

Avec nous, après nous… Apprivoiser l'avenir, avec Shimon Peres, Fayard-Baker Street, 2013.

Histoire de la modernité. Comment l'humanité pense son avenir, Robert Laffont, 2013 ; Flammarion, 2015.

Urgences françaises, Fayard, 2013 ; « Pluriel », 2014.

Devenir soi, Fayard, 2015 ; « Pluriel », 2018.

Peut-on prévoir l'avenir ?, Fayard, 2015 ; « Pluriel », 2016.
100 jours pour que la France réussisse, Fayard, 2016.
Le Destin de l'Occident (avec Pierre-Henry Salfati), Fayard, 2016.
Vivement après-demain !, Fayard, 2016.
Histoires de la mer, « Pluriel », 2018.
Comment nous protéger des prochaines crises, Fayard, 2018 ; « Pluriel », 2020.
Les Chemins de l'essentiel, Fayard, 2018 ; « Pluriel », 2019.
Histoires de l'alimentation, Fayard, 2019.
L'Année des dupes. Alger, 1943, Fayard, 2019.
L'Économie de la vie, Fayard, 2020.
Histoires des médias : des signaux de fumée aux réseaux sociaux, et après, Fayard, 2021.
Il y aura d'autres jolis mois de mai, Fayard, 2021.
Histoires et avenirs de l'éducation, Flammarion, 2022.
Le Monde, modes d'emploi, Flammarion, 2023.
Histoires et avenirs de la consolation, Champs, 2024.
L'unique et le multiple (avec Pierre-Henry Salfati), Flammarion, 2024.
Histoires et avenirs des villes, Flammarion, 2024.

Dictionnaires

Dictionnaire du XXIe siècle, Fayard, 1998 ; Le Livre de poche, 2000.
Dictionnaire amoureux du judaïsme, Plon/Fayard, 2009 ; rééd. sous le titre *Petit Dictionnaire amoureux du judaïsme*, Pocket, 2014.

Romans

La Vie éternelle, Fayard, 1989 ; Le Livre de poche, 1990.

Le Premier Jour après moi, Fayard, 1990 ; Le Livre de poche, 2004.

Il viendra, Fayard, 1994 ; Le Livre de poche, 1995.

Au-delà de nulle part, Fayard, 1997 ; Le Livre de poche, 1999.

La Femme du menteur, Fayard, 1999 ; Le Livre de poche, 2001.

Nouv'Elles, Fayard, 2002 ; Le Livre de poche, 2004.

La Confrérie des Éveillés, Fayard, 2004 ; Le Livre de poche, 2006.

Notre vie, disent-ils, Fayard, 2014 ; Le Livre de poche, 2016.

Premier Arrêt après la mort, Fayard, 2017 ; Le Livre de poche, 2018.

Meurtres, en toute intelligence, Fayard, 2018.

Le Livre de Raison, Fayard, 2022.

Bienheureux soit notre monde, Flammarion, 2023.

Biographies

Siegmund Warburg, un homme d'influence, Fayard, 1985 ; Le Livre de poche, 1986.

Blaise Pascal ou le Génie français, Fayard, 2000 ; Le Livre de poche, 2002.

Karl Marx ou l'Esprit du monde, Fayard, 2005 ; Le Livre de poche, 2007.

Gândhî ou l'Éveil des humiliés, Fayard, 2007 ; Le Livre de poche, 2009.

Phares. 24 destins, Fayard, 2010 ; Le Livre de poche, 2012.

Les Penseurs du monde : Pascal, Marx, Gândhî, Robert Laffont, « Bouquins », 2012.

Diderot ou le Bonheur de penser, Fayard, 2012 ; « Pluriel », 2013.

Théâtre

Les Portes du Ciel, Fayard, 1999.

Du cristal à la fumée, Fayard, 2008.

Théâtre (réunissant *Les Portes du Ciel* et *Du cristal à la fumée*, ainsi que *Il m'a demandé de l'attendre ici* et *Présents parallèles*), Fayard, 2016.

Contes pour enfants

Manuel, l'enfant-rêve (ill. par Philippe Druillet), Stock, 1994.

Mémoires

Verbatim I, Fayard, 1993 ; Le Livre de poche, 1998 ; Robert Laffont, 2011.

Europe(s), Fayard, 1994 ; Le Livre de poche, 2002.

Verbatim II, Fayard, 1995 ; Le Livre de poche, 1998 ; Robert Laffont, 2011.

Verbatim III, Fayard, 1995 ; Le Livre de poche, 1998 ; Robert Laffont, 2011.

C'était François Mitterrand, Fayard, 2005 ; Le Livre de poche, 2007 ; Fayard-*Le Nouvel Observateur*, 2012 ; « Pluriel », 2016.

L'Intégrale des chroniques, vol. 1, L'Express éditions, 2011.

À tort et à raison. Entretiens avec Frédéric Taddeï, Éditions de L'Observatoire, 2020.

Rapports

Pour un modèle européen d'enseignement supérieur, Stock, 1998.

L'Avenir du travail, Fayard-Institut Manpower, 2007.

300 décisions pour changer la France, rapport de la Commission pour la libération de la croissance française, XO-La Documentation française, 2008.

Paris et la Mer. La Seine est capitale, Fayard, 2010.

Une ambition pour 10 ans, rapport de la Commission pour la libération de la croissance française, XO-La Documentation française, 2010.

Pour une économie positive, groupe de réflexion présidé par Jacques Attali, Fayard-La Documentation française, 2013.

Francophonie et Francophilie, moteurs de croissance durable, rapport à François Hollande, président de la République française, La Documentation française, 2014.

Vers une révolution positive, groupe de réflexion présidé par Jacques Attali, Fayard, 2018.

Faire réussir la France, 30 réformes majeures et 250 actions urgentes, Fayard, 2021.

Beaux livres

Mémoire de sabliers. Collections, mode d'emploi, Éditions de l'Amateur, 1997.

Amours. Histoires des relations entre les hommes et les femmes (avec Stéphanie Bonvicini), Fayard, 2007 ; Le Livre de poche, 2010.

Table des matières

NORD COMPO
multimédia

Composition et mise en pages
Nord Compo à Villeneuve-d'Ascq

Imprimé en France par CPI
en mai 2025

Dépôt légal : mai 2025
N° d'édition : 653366-0
N° d'impression : 183864